シリーズ「遺跡を学ぶ」
068

列島始原の人類に迫る熊本の石器

新泉社

沈目遺跡

木﨑康弘

列島始原の人類に迫る熊本の石器
―沈目遺跡―

木﨑康弘

【目次】

装幀　新谷雅宣
本文図版　中原利絵

第1章　沈目石器文化の発見

1　ATの下から石器が出てきた

それはいまから一二年前、一九九八年六月一日のことだった。当時、熊本県庁の企画開発部文化企画課で県立博物館整備の業務にあたっていたわたしは、展示内容の相談で県教育庁の文化課に立ち寄っていた。そこに同課職員の村崎孝宏《むらさきたかひろ》がやや興奮した面持ちで駆け込んできた。

「予備調査中の沈目《しずめ》遺跡で、ATの下のローム層から石器が出てきた」

村崎の口から出た最初の一言はこうだった。平静さを装っているが、顔はやや紅潮し、興奮冷めやらぬ様子である。それもそのはず、およそ二万四〇〇〇年前（放射性炭素年代測定による。本書では原則として較正値ではなく測定値で示す）に、現在の鹿児島湾の奥にあった姶良《あいら》火山が大噴火し、日本列島各地に降り積もった火山灰、AT（正式名称は姶良Tn火山灰）よりも下のローム層から出てきたということは、三万年前という古さの石器なのである。

ほんの数時間前、発掘現場の狭い試掘坑のなかで村崎は、火山灰層よりも下の土中の石器を目のあたりにして、喜びに打ち震えていたに違いない。先土器時代《せんどき》（日本列島の旧石器時代）の研究者ならだれしもそうであるように、数万年の時を超えての石器との対面は、何か新鮮で、感慨深く、そして感動的ですらある。だれも露ほども予想していなかった太古の石器を発見した瞬間であった。

場所は熊本県下益城《しもましき》郡 城南町《じょうなんまち》沈目（現・熊本市城南町沈目、図１）。予備調査の結果を受け、翌一九九九年六月から城南町教育委員会が本格的な発掘調査にあたった。調査スタッフは城南町教育委員会の清田純一《きよたじゅんいち》と調査補助員の谷川亜紀子《たにがわあきこ》・安達武敏《あだちたけとし》の三名。広さは約四〇〇〇平方メートル。農道の工事にともなう発掘調査のため、調査区の幅は五～一五メートルと限られていた。発掘は東調査区を先にすませ、完掘後に西調査区に移る、という段取りでおこなわれた（図２）。

こうして翌二〇〇〇年一月までの七カ月あまりの調査で、ATの下のローム層から先土器時代の遺構と石器が

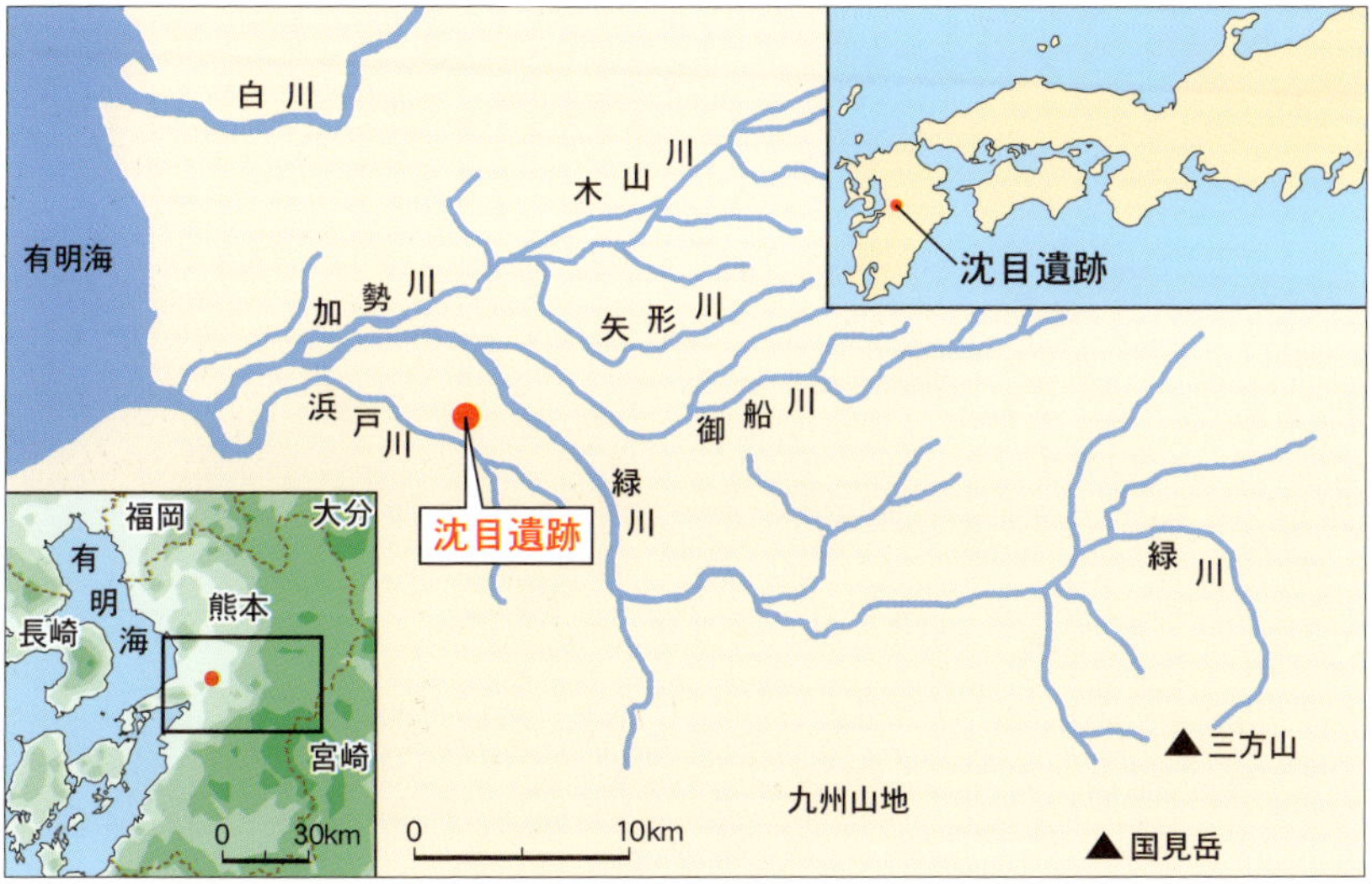

図１ ● **沈目遺跡の位置**
長さ 76km、流域面積 1100km²、熊本県の中央部を流れる緑川の中流域に沈目遺跡はある。

図 2 ● 沈目遺跡の発掘調査区（東調査区・南から）
農道の工事にともなう発掘調査のため、調査区の幅は 5 〜 15m と限られていた。発掘は東調査区を先にすませ、完掘後に西調査区に移る、という段取りでおこなわれた。

多数出土したのである。しかし、そうはいっても、三万年前程度の古さの石器では、当時、東北地方を中心に数十万年前などと盛んにマスコミをにぎわせていた「前期旧石器時代」「中期旧石器時代」の発掘情報にかき消されて、ほとんど話題にのぼることもなく、注目されることもなかった。

2　上高森スキャンダル

跡形もなく消え去った前期旧石器

ところがである。清田、谷川が出土石器の整理にとりかかっていた同年の一一月五日、衝撃的なスクープ記事が毎日新聞の朝刊トップを飾った。宮城県上高森《かみたかもり》遺跡での旧石器捏造事件（上高森スキャンダル）のスクープ記事であった。六十数万年前の地層から出土したとされた石器は東北旧石器文化研究所の副理事長が埋めたものであったことが明らかになったのである。この衝撃的な報道は、日本列島はもとより全世界を駆けめぐった。

さらにその後の検証調査によって、東北や北海道、関東で矢継ぎ早に発見されていた三万年前を超える年代の石器すべてが捏造と判明したのである。そのなかでもっとも象徴的だったのが、一九八一年に宮城県座散乱木《ざざらき》遺跡（当時国史跡、その後二〇〇二年一二月に指定解除）で出土したとされていた石器が捏造だった事実である。なぜならば、それらの石器は、後期旧石器よりも古い三万年前を超える時代の日本列島に人類が住んでいたかどうかで学界を二分した

「前期旧石器存否論争」に終止符を打った石器で、前期旧石器否定論者にとってはぐうの音も出ないほどのまさに決定打だったからである。と同時に、それを境に「先土器時代」という当時ポピュラーだった時代呼称が瞬く間に「旧石器時代」に置き換わっていったように、先土器時代研究のエポックを画した石器でもあった。

この旧石器捏造の判明によって、座散乱木以後の二〇年間の学問的蓄積は虚構の上に虚偽を塗り重ねたものにすぎなかったことが先土器時代の研究者の前に突きつけられ、そして跡形もなく消え去ったのである。そればかりではない。社会問題として先土器時代の、さらには日本考古学の研究者への指弾の声があらゆる方面から巻き起こったのである。「何でそんな非常識な説がまかり通っていたのか」「考古学は科学的学問の態をなしていないのではないか」と。

どんよりした、重苦しいふん囲気が日本考古学界に立ち込めた。それは、東北から遠く離れた九州の考古学界でも例外ではなかった。

沈目遺跡の石器は、そんな状況のなかにあっても、だれからも注目されることもなく、清田、谷川らの「手」のなかにあった。しかし、彼／彼女らによって、静かに、大切に温められ、着実に成果の形に仕上げられていたのである。

「間違いなく一番古い」

上高森スキャンダルから一年がすぎた二〇〇一年一一月の終わりごろ、熊本旧石器文化研究会のメンバーが城南町歴史民俗資料館（二〇一〇年三月、熊本市との合併により熊本市塚原歴史民俗資料館に改称）に集合した。沈目遺跡の石器を検討するためだった。集まったのは、七人。そのなかには予備調査を担当した村﨑孝宏もいた。そして、丹念に、慎重に、石器を観察していった。

一つひとつの石器を手にとってあらゆる方向から凝視する。すると、とても大振りの加工による、粗いギザギザの刃がついた、ものを切ったり削ったりするための石器である削器《さくき》に目が止まる。「あまり馴染みのない、古そうな石器だ」みんながそう感じた。

また、先土器時代の代表的な石器であるナイフ形石器に似てはいるが、加工があまり目立たない石器もある。

図3 ● 舞原台地と沈目遺跡（西から）
緑川と浜戸川にはさまれた舞原台地に沈目遺跡がある。この台地は、熊本の考古学が産声をあげた土地の一つである。

「曲野《まがの》遺跡で出土している台形《だいけい》ナイフや切出形《きりだしがた》ナイフとは明らかに違っている」という者もいた。曲野遺跡（宇城《うき》市松橋《まつばせ》町）は沈目遺跡にほど近いところにある遺跡で、沈目遺跡と同じローム層から石器が出土していた。

「しかし、石器は違う！」なんのためらいもなくそのように感じたわたしは、「ローム層にはa層からc層まであるけれども、どの層から出土したの」と調査を担当した清田と谷川に尋ねてみた。すると案の定、「ローム層（黄褐色粘質土層）の上面から一〇センチほど掘り下げた、b層」という答えが谷川の口から出てきた。

「九州の先土器時代のなかでも、間違いなく一番古い石器文化の一つ」と、確信をえた瞬間であった。

こうして、いまだ収まることを知らない上高森スキャンダルの嵐のなかから、わたしたちはふたたび日本列島始原の人類の石器と暮らしを探究する道を歩みはじめたのである。

3　沈目遺跡を掘る

熊本県緑川流域

九州の中央部西側に位置する熊本県。阿蘇外輪山《あそがいりんざん》および九州山地に源を発する大小さまざまな河川が西へ西へと流れ下り、あるものは有明海《ありあけかい》へ、あるものは不知火海《しらぬいかい》へと流れ込んでいる。そのなかの一つに長さ七六キロメートル、流域面積一一〇〇平方キロメートルの緑川《みどりかわ》がある。

緑川は熊本県山都《やまと》町の三方山《さんぽうさん》（一五七八メートル）に源を発し、その流れは江戸時代の地誌書『肥《ひ》後《ご》国《くに》誌《し》』に「紺碧の水面が美しい」と記されているように、どこまでも清らかである。白川《しらかわ》、黒川《くろかわ》、緑川と色の名を冠した河川が流れる熊本にあって、緑川の名はとても清々しい。

沈目遺跡は、そんな緑川とその支流の浜戸川《はまどがわ》にはさまれた舞原《まいのはる》台地の南縁部に立地している（図4）。台地の下には浜戸川沿いに沖積《ちゅうせき》地が広がり、対岸には、かつて高速道路建設か保存かで全国的に話題となった国史跡塚原《つかわら》古墳群がある。沈目遺跡の標高は二九・五メートル前後で、下の沖積地との高低差は一七メートル前後である。

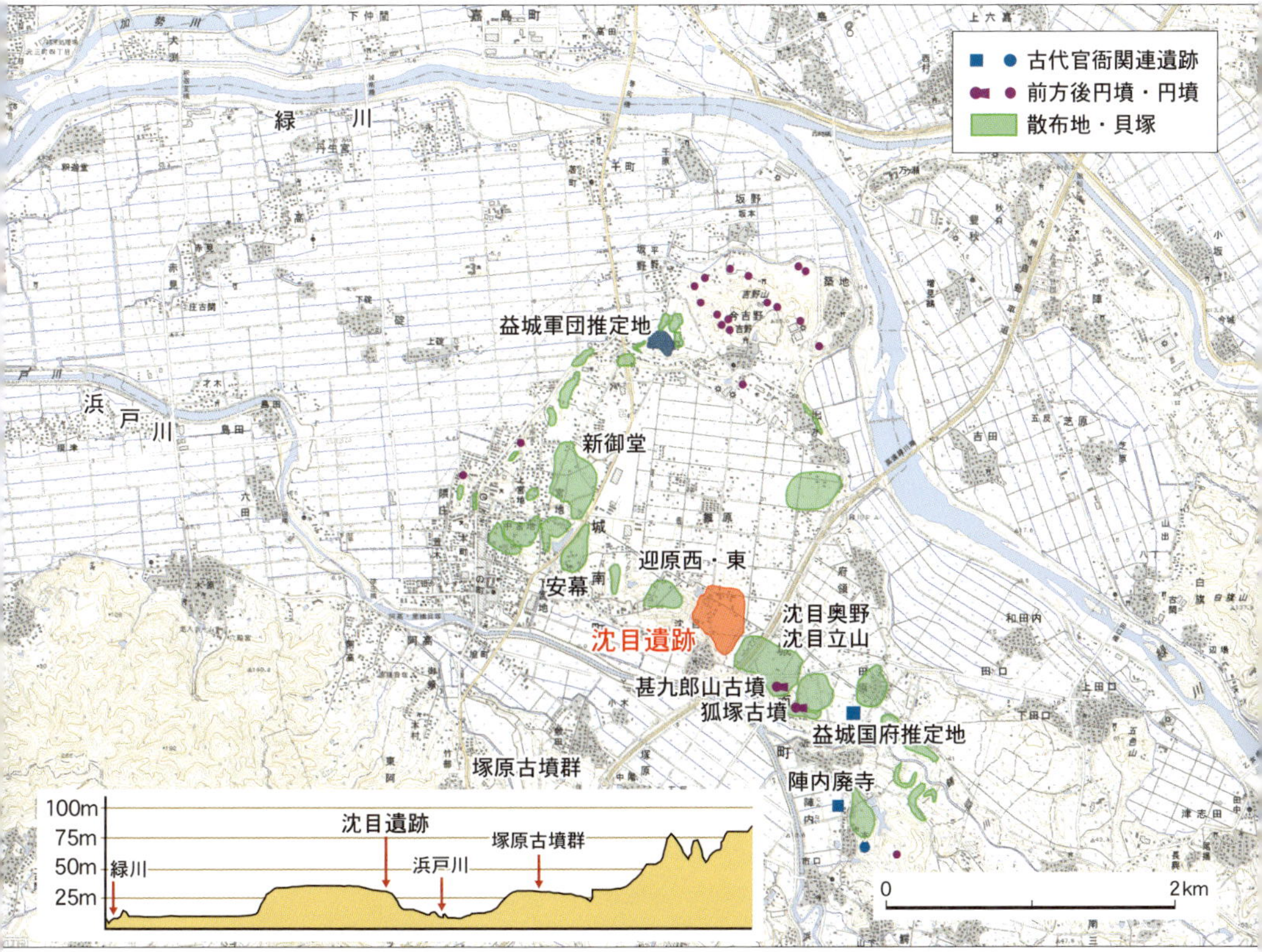

図4 ● 沈目遺跡のある舞原台地
沈目遺跡は緑川とその支流の浜戸川にはさまれた舞原台地の南縁部に立地している。

在野の考古学者、小林久雄

さて、沈目遺跡といえば学界では、小林久雄《こばやしひさお》（一八九五〜一九六一年）が「九州の縄文土器」で「只其《ただその》（捺型文《おしがたもん》土器が）最も多く出土してゐるのは、下益城郡豊田《とよだ》村沈目池頭《いけがしら》及同塚《つか》本《もと》の地域」と指摘した、「沈目式土器」の標式遺跡として広く知られている。

小林久雄は、地元豊田村（現・城南町）の開業医で、敗戦後には城南町初代町長にもなった、在野の考古学者であった。私立熊本医学専門学校の第三学年生だった一九一四年四月、豊田村阿高《あだか》貝塚の発掘調査に参加したことがきっかけで、小林の考古学人生が始まった。

その後の学生時代は、熊本市江津湖《えづこ》堤防で国分寺の瓦を大量に採集したり、宇土《うと》郡轟《とどろき》村（現・宇土市）の轟貝塚の発掘調査に参加したりと考古学に没頭した。豊田村に医院を開業してから（一九二二年〜）は、近辺での遺物採集や装飾古墳の保存活動などを地道に続ける、考古学を愛好する町医者だった。

そんな小林が本格的に考古学研究に目覚めたのは、一九三〇年三月三〇日のこと、三四歳の時だった。県立熊本中学校の教諭であった進藤坦平《しんどうたんぺい》らが、東京帝国大学助教授を辞して國學院大學や上智大学の教授にあった鳥居龍蔵《とりいりゅうぞう》を招いて、豊田村にある御領《ごりょう》貝塚の発掘をおこなったのである。この発掘に参加した小林は、大いに刺激を受けたようで、四カ月後の七月一三日にはみずから御領貝塚を発掘している。スピード感あふれる、その精力的な活動はなかなか真似できるものではない。

これが小林の考古学研究の本格的なスタートで、その後、一九三六年までの七年間に、御領貝塚、曾畑《そばた》貝塚、轟貝塚、西平《にしびら》貝塚、阿高貝塚、南福寺《なんぷくじ》貝塚など、熊本県内の縄文貝塚を立てつづけに発掘調査していった。そして一九三九年に、それらの成果をもとに「九州の縄文土器」を発表したのである。これこそが九州の縄文式土器編年の完成であり、この成果はいまでも受け継がれている。

また小林は、東京考古学会を主宰した森本六爾《もりもとろくじ》や、その森本を献身的に支えた藤森栄一《ふじもりえいいち》らとも親交をもち、機関誌『考古学』に数多くの論文を発表して研究を深めていった。藤森の考古学エッセイの傑作『かもしかみち』には、九州を旅した藤森と小林の考古学への情熱に満ちた交流が活き活きと描かれている。また、藤森栄一が小林の遺稿集『九州縄文土器の研究』に寄せたエッセイ「オジチャンのめはゾウの目」からは、森本や藤森との深い友情を読みとることができる。

この小林が一九五七年に設定した土器型式が「沈目式土器」である（図5）。膨らんだ胴に、外開きの口縁《こうえん》と平たい底がつき、表面に押型文《おしがたもん》があり、口縁の内側に横位の押型文か縦位の刻文《こくもん》をつけた押型文土器である。おもに中九州に分布し、縄文時代早期前半の型式である押

図5 ● 沈目式土器（中後迫遺跡）
小林久雄が沈目で採集した土器片を元に1957年に提唱した、縄文時代早期の押型文土器の一形式。外開きの口縁、膨らんだ胴、平たい底が特徴。

型文土器のなかでも、その後半に位置づけられる土器型式である。

ただし、あくまでも表面採集資料にもとづくもので、型式設定の提唱は本格的な研究論文ではなく『城南町公民館報』の第二三号に掲載された短文「沈目式土器について」においてであった。そのため小林の発案でつくられた『城南町史』のなかで、元肥後考古学会長の三島格《みしまいたる》が「この遺跡では、土器のでる土層の層位的な関係は、充分とらえられていない」と述べたほどである。沈目式の標式遺跡としての知名度とは対蹠的に、沈目遺跡についてはほとんど何もわかっていなかったのである。

そして、小林の論文のなかに「沈目池頭、沈目塚本」として登場してから六五年後、沈目遺跡は旧石器の発見によって、あらためてその悠久の歴史のベールを脱いだのである。

きかん坊「ニガシロ層」

熊本地方に「ニガシロ」という方言がある。「手に負えない」という意味である。ひとむかし前には、きかん坊のことを「ニガシロ坊主」といったという。語感がとても印象的で、一度聞いたら忘れられない、そんな方言である。いまでは使われることもなくなったようだが、土の呼称として生きている。とても硬くてゴツゴツして、鍬もシャベルも刃が立たない、いわば「手に負えない土」をニガシロというのである（図6）。

黒褐色を帯び、削った痕の黒光りがその硬さを印象づける。白い斑点を大量に含んで、移植ごてで掻《か》き削ったときのジャリジャリ感がさらにその硬さを実感させる、この土の層を「ニガシロ層」とよんだのは、熊本県教育庁文化課の江本直《えもとすなお》であった。江本は、一九八二年に曲野遺跡を発掘した際に、地元でよびならわされていたこの方言を地層名に採用した。そして、ニガシロ層よりも下の地層から石器が出土した曲野遺跡の話題性も手伝って、ニガシロ層は県内外の研究者の耳目を集めることとなった。

このニガシロ層であるが、これが一躍脚光を浴びたのにはわけがある。江本が顕微鏡のレンズ越しに、このニガシロ層に二万四〇〇〇年前のATが含まれていることを突き止めたのである。それは一九八一〜八二年のこと。町田洋《まちだひろし》・新井房夫《あらいふさお》が、ATを九州から東北まで分布する広域の火山灰で、先土器時代の編年研究に益すると評価した一九七六年からあまり遠くない、五年後のことだった。

このニガシロ層が、沈目遺跡にも堆積していた。

火山灰に埋もれた文化層

発掘現場で掘削が進むと、いやがうえにも堆積土の壁が目に入ってくる。とくに、火山灰の層が何枚も堆積してい

図６ ●沈目遺跡のニガシロ層
白い斑点を多量に含んだ黒褐色の部分。とても硬くてゴツゴツして、鍬もシャベルも刃が立たない「手に負えない土」。熊本平野で普遍的にみられる地層である。

る先土器時代の遺跡の場合、数メートルにおよぶ土壁がまわりをとりかこむこともめずらしくはない。

考古学でいう「土層断面」や「セクション」とはこの土壁のことで、考古学者はその色調や質感、触感などの違いで層を区分するのである。深いところでは掘削が地表下三メートルにまで達した沈目遺跡の現場にも、そうした堆積土の壁があり、七枚の層に区分された（図7・8）。

ニガシロ層は表土から数えて五枚目の層にあたり、V層とよばれたが、一様ではなかった。土質の微妙な違いから、a、a′、b、c、d、d′の六枚の層に細分された。ただし、大きくは白斑を含む上の四枚の層（a、a′、b、c）と、白斑を含まない下の二枚の層（d、d′）に大別され、ATは白斑を含む部分と含まない部分の境付近に含まれていた。

このことで、仮にそこよりも上から石器が出土すれば二万四〇〇〇年前よりも新しく、そこよりも下から石器が出土すればそれより古い、といった具合に年代が絞り込みやすくなってくる。しかも、ATとの間隔が開けば開くほど、石

図7 ● あらわれた沈目遺跡の土層断面
土層断面の観察で7枚の地層に区分された。壁際の赤い木杭のあたりから右にのびている、にぶい黄褐色の部分をはさんだ上下黒褐色の部分がニガシロ層（V層）で、その下にわずかに見えている黄褐色の部分が石器の出土したⅥ層。

器の年代はますます古くなる。三万年前をさらにさかのぼる年代と推定できそうなのも、こうした絞り込みの手順を踏んだ結果であった。

石器群をとらえる

さて、わたしたちが注目した沈目遺跡の石器は、ニガシロ層（Ｖ層）より下のⅥ層、黄褐色粘質土層《おうかっしょくねんしつどそう》から出土したものである。

この黄褐色粘質土層は、黄褐色をした粘り気の強い土だった。その土といったら、そのときの気象条件で性質が変わる厄介な代物だった。水分を含んでいれば移植ごての刃先が入るには入るが粘り気に閉口するし、乾燥でもしてしまったらたちまち日干しレンガのように硬くなってまったく刃が立たなくなる。

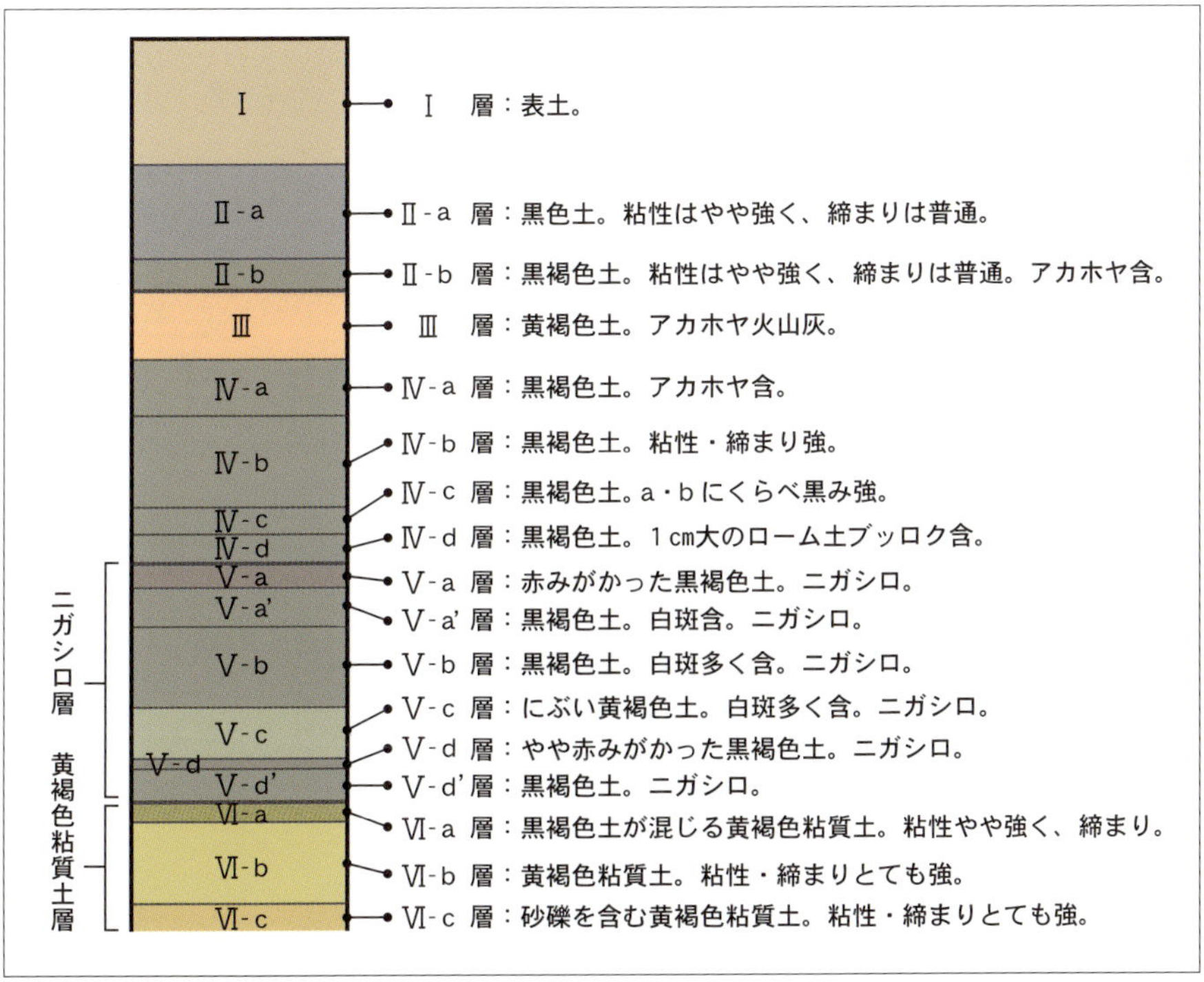

Ⅰ　層：表土。
Ⅱ-a 層：黒色土。粘性はやや強く、締まりは普通。
Ⅱ-b 層：黒褐色土。粘性はやや強く、締まりは普通。アカホヤ含。
Ⅲ　層：黄褐色土。アカホヤ火山灰。
Ⅳ-a 層：黒褐色土。アカホヤ含。
Ⅳ-b 層：黒褐色土。粘性・締まり強。
Ⅳ-c 層：黒褐色土。a・bにくらべ黒み強。
Ⅳ-d 層：黒褐色土。１cm大のローム土ブッロク含。
Ｖ-a 層：赤みがかった黒褐色土。ニガシロ。
Ｖ-a' 層：黒褐色土。白斑含。ニガシロ。
Ｖ-b 層：黒褐色土。白斑多く含。ニガシロ。
Ｖ-c 層：にぶい黄褐色土。白斑多く含。ニガシロ。
Ｖ-d 層：やや赤みがかった黒褐色土。ニガシロ。
Ｖ-d' 層：黒褐色土。ニガシロ。
Ⅵ-a 層：黒褐色土が混じる黄褐色粘質土。粘性やや強く、締まり。
Ⅵ-b 層：黄褐色粘質土。粘性・締まりとても強。
Ⅵ-c 層：砂礫を含む黄褐色粘質土。粘性・締まりとても強。
ニガシロ層
黄褐色粘質土層

図８ ● 沈目遺跡の地層
Ｖ層はニガシロ層、その下のⅥ層は石器が出土した層。Ｖ層のｃとｄのあいだにATがみつかり、それより下は２万4000年以上前であることがわかった。

発掘調査は、そんな黄褐色粘質土層の上に堆積したⅤ層、ニガシロ層を除去することから始まった。重機を使っての掘削でみるみるうちに黒褐色の硬い土はとりのぞかれ、その後には、三万年前を超える大古の人びとの営みを包み込んでいるはずのⅥ層が日の光に照らされてしっとりと輝いていた。

Ⅵ層は黄褐色粘質土がベースであったが、すべて一様ではなかった。上部にはニガシロ層の染みがおよび、下部のⅦ層（礫層《れきそう》）に近いところは砂礫《されき》が目立った。こうした性質の違いから、黒褐色土が混じった黄褐色粘質土層（Ⅵa）、黄褐色粘質土層（Ⅵb）、砂礫を含んだ黄褐色粘質土層（Ⅵc）の三枚に分層された（図9）。発掘では、これらの層を五メートル四方のグリッドを単位に順次掘り下げていった。

先土器時代の遺跡の発掘で石器が出土した場合、それをすぐにとりあげることはしない。それがどの層から出土したものなのか、どのような状態で出土したものなのか、ほかの石器とどんな位置関係にあったもの

図9 ● 石器が出土した黄褐色粘質土をベースにした土層
上部にはニガシロ層の染みがおよび、Ⅶ層（礫層）に近い下部には砂礫が目立つ。石器は、上下の層の影響のない黄褐色粘質土から出土した。

なのか、などの基本的かつ重要な情報が求められるからである。

掘削が進行すると、石器は土柱上に残される。掘削が調査区全体におよぶと、石器分布を視覚的にとらえることができるようになる（図10）。そして、これらの位置情報はさらに細かい分析のために図面や台帳に記録されたり、測量精密機器を使ってデジタル情報として保存されたりした。

発掘調査の結果、沈目遺跡では、上部（Ⅵa層）のなかほどから石器があらわれ、中部（Ⅵb層）にピークを迎え、下部（Ⅵc層）上面で終息することが判明した。このことから当時の生活面がⅥb層にあったことがはっきりしたのである。

姿をあらわした当時の微地形

石器の位置を確定する一方で、露出させた石器を含む層の上面の高さを計測して等高線を引き、地形図を作成する。そうすれば石器の位置情報を当時の地形図

図10 ● **石器の出土状況**（左が北）
掘削が進行すると、石器は土柱上に残される。そして掘削が調査区全体におよぶと、石器分布を視覚的にとらえることができるようになる。

上に落とし込むことができる。当時の人びとが土地をどのように利用していたのかを推測することが可能となるわけだ。

狭い調査区ではあったが当時の地形が図面上で復元された。それを全体的にみると、当時は現在のような平坦な地形ではなく起伏のある地形だったことがわかった（図11）。

細かくみよう。そうすれば中央にやや広い平坦部があり、そこから南のほうに細い尾根がのび、この尾根を二つの谷が南北それぞれからはさむ、といった地形を読みとることができるはずだ。尾根をはさむ二つの谷の規模は、南側の谷がとくに大きく、現在は平坦地となった部分にも谷部が埋没していることがわかった。

こうして読みとった地形に石器の位置情報を落とし込むと、中央の平坦部南縁周辺付近と南にのびる尾根から南側の谷の谷頭までの二カ所に偏った石器の分布域が再現された（図23参照）。

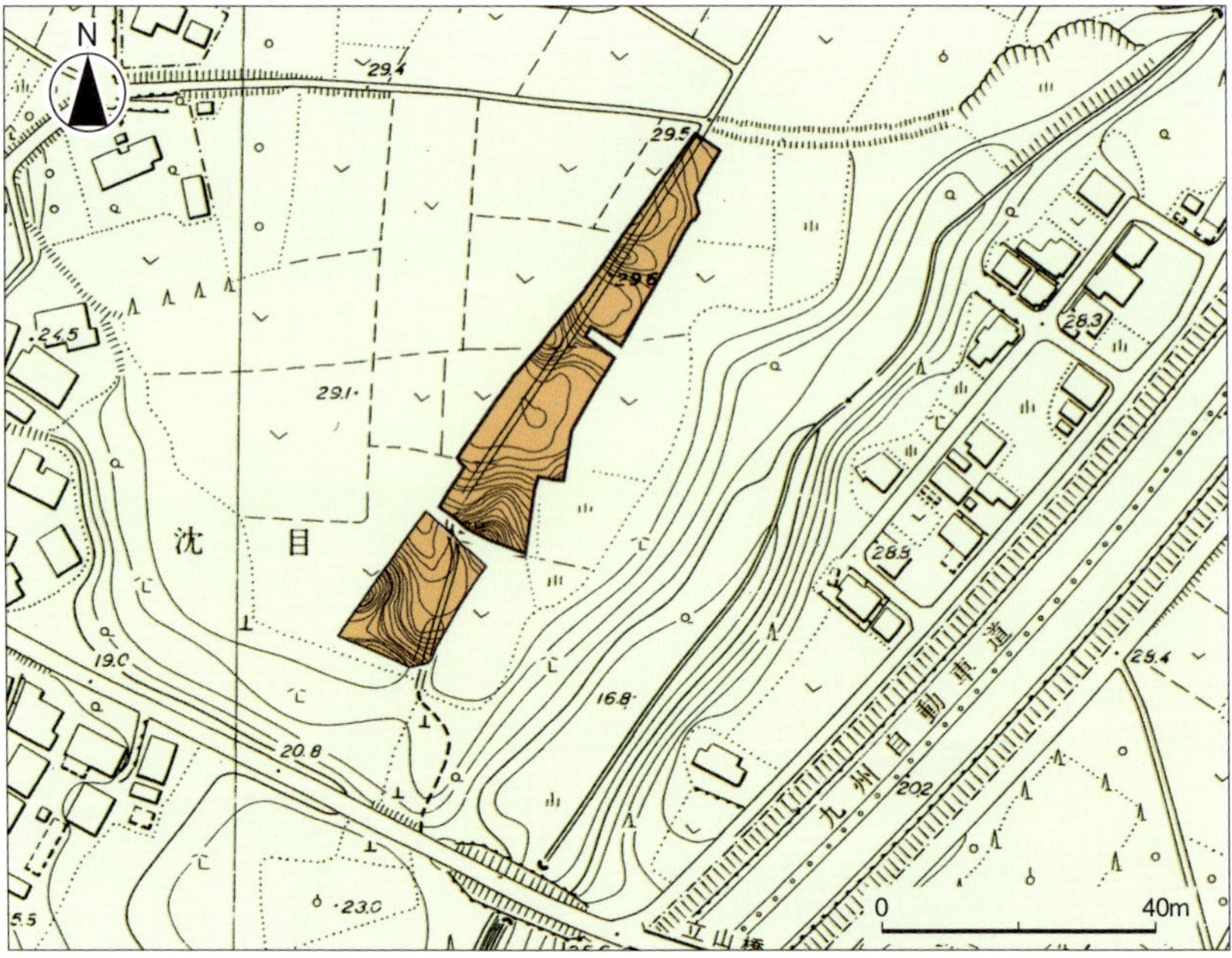

図 11 ● 調査によってあらわれた当時の微地形
現在では平坦な地形の沈目遺跡周辺であるが、先土器時代には起伏に富んだ地形だったことがうかがえる。

第２章　石器群を読み解く

1　沈目人が使った石器

先土器時代に使われていたであろう道具のうち、骨や角、牙、木材などの有機物でつくられた道具が酸性土壌の日本列島で発見されることは、石灰岩地帯や低湿地などの特別な条件を除けば皆無である。先土器時代研究が石器の研究を中心としておこなわざるをえないのはこうした事情からである。

沈目遺跡では、黄褐色をした粘り気の強い土層から先土器時代の石器類が三七三点出土した（図12）。そのほとんどは、形もまちまちで、横幅が広めの剝片《はくへん》の縁辺《えんぺん》を加工して石器に仕上げた剝片石器であった。それらは、「突き刺す、切り削る、掻き削る、彫《ほ》る、穿《うが》つ」といった作業に使われていた。また剝片石器以外に、自然の礫を粗く加工した礫核《れきかく》石器や、礫そのものを使った礫塊《れきかい》石器があり、「磨《す》る、敲《たた》く、敲き割る、磨《みが》く」などの作業に使われていた（図13）。

このほかに剥片をはぎとった後の石核《せきかく》、剥片石器の素材となった剥片、剥片のはぎとりや石器づくりで生じた剥片・砕片《さいへん》があった。本書では、これらを総称して石器類とよぶ。

突き刺す道具

先土器時代の重要な活動の一つが狩猟である。そこで獲得した獣の肉や毛皮、骨、牙、角などは、自分た

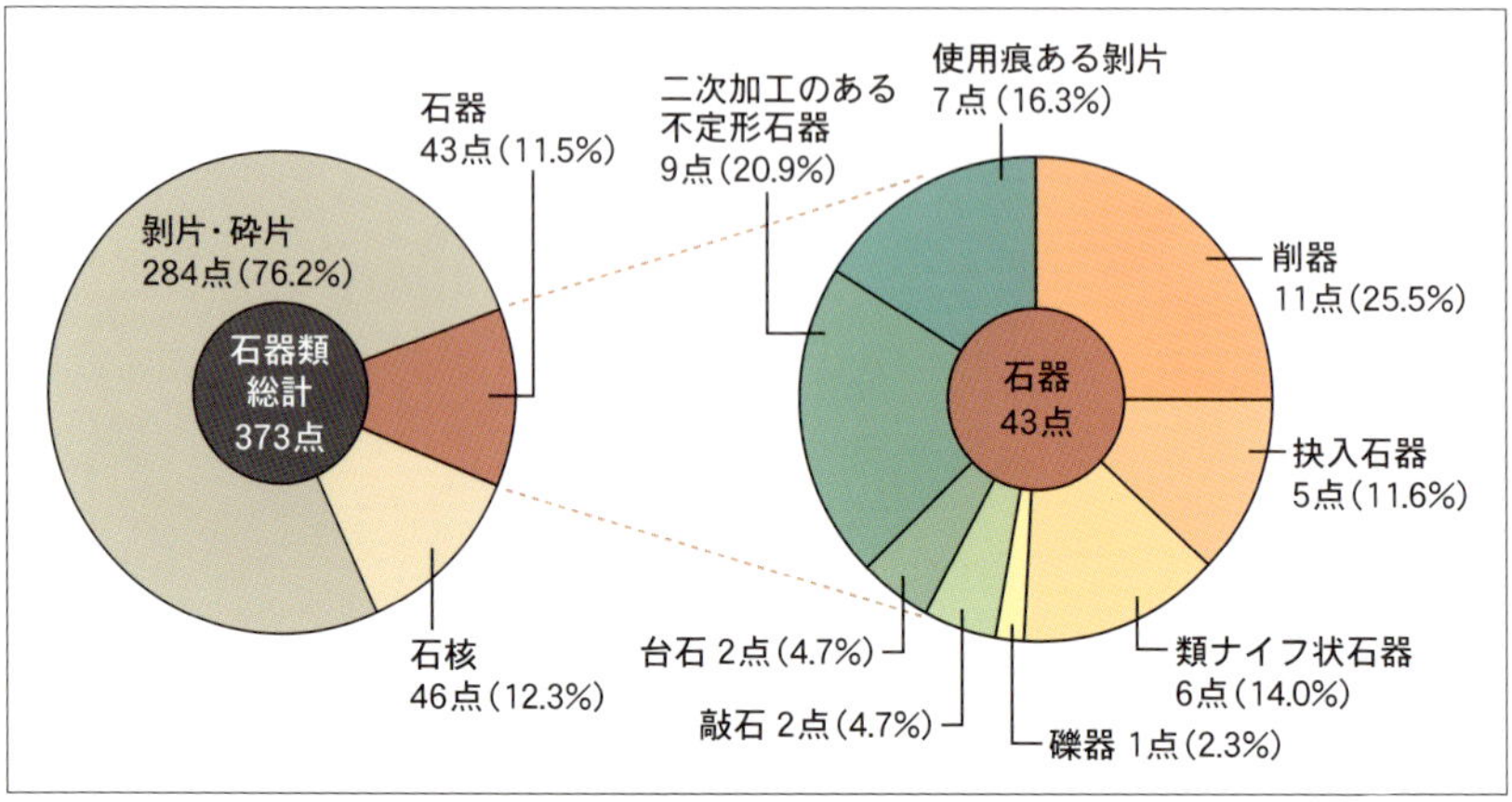

石器
43点(11.5%)
剥片・砕片
284点(76.2%)
石器類
総計
373点
石核
46点(12.3%)
二次加工のある
不定形石器
9点(20.9%)
使用痕ある剥片
7点(16.3%)
削器
11点(25.5%)
石器
43点
抉入石器
5点(11.6%)
類ナイフ状石器
6点(14.0%)
台石 2点(4.7%)
敲石 2点(4.7%)
礫器 1点(2.3%)

図 12 ● 沈目遺跡から出土した石器類の構成
石器類の 88% が剥片をはぎとった後の石核・剥片で(左)、石器の多くは剥片石器であった(右)。

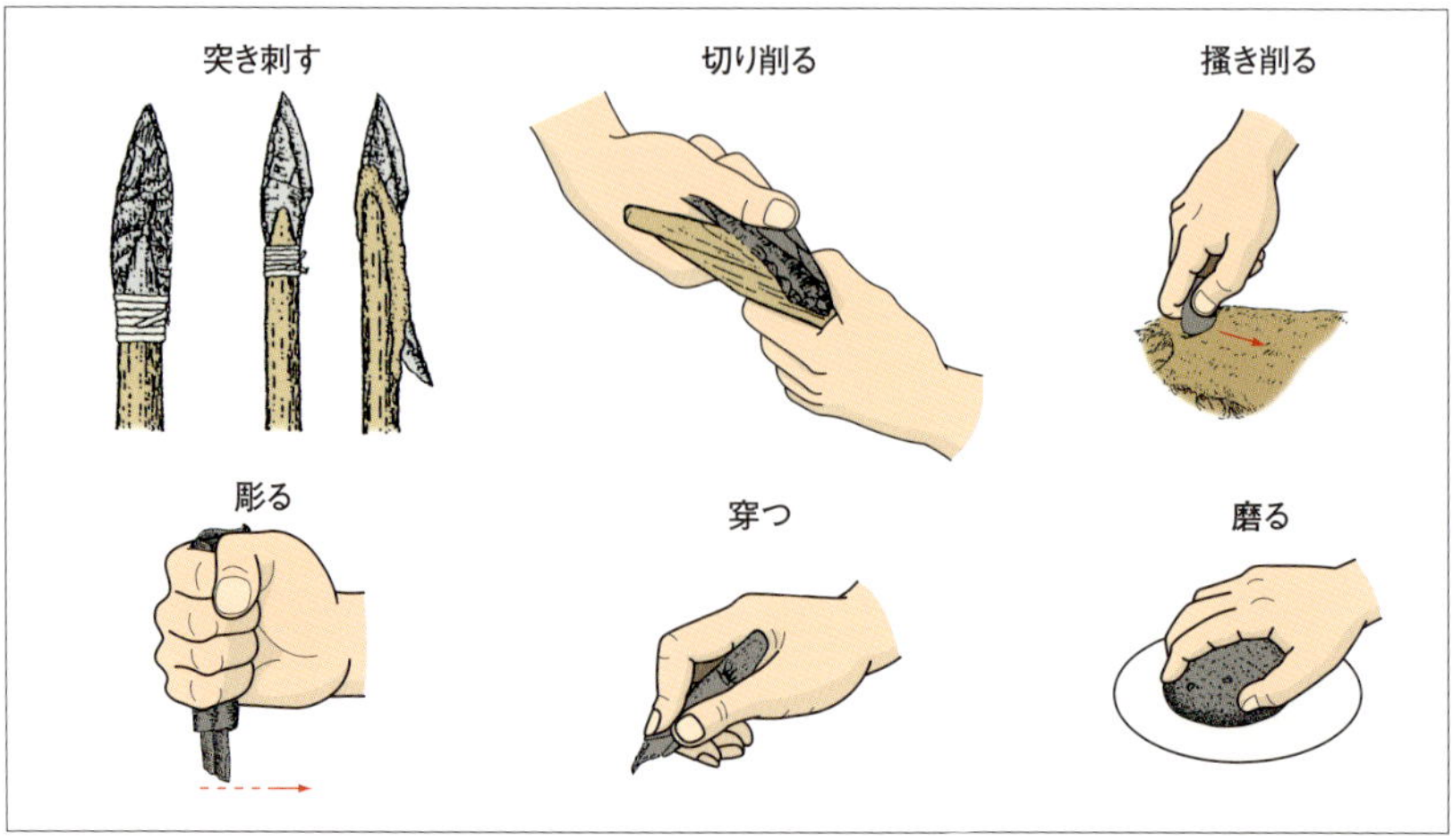

突き刺す
切り削る
掻き削る
彫る
穿つ
磨る

図 13 ● 石器の用途例
3 万年前以降の旧石器の例。

ちの生活を保障してくれる貴重な食料であり資材である。この狩猟を支えたのが突き刺す道具であった。

先土器時代の代表的な狩猟具としては、尖った先端部をもつナイフ形石器や槍先形尖頭器《やりさきがたせんとうき》、三稜《さんりょう》尖頭器などが知られている（図15参照）。しかし、沈目には、動物をしとめるための突き刺す道具が顕著でない。というよりも、その存在を積極的に指し示す石器がみあたらないのだ。

そんななかで注目したのが、形状や加工などがナイフ形石器に近い「類ナイフ状石器」である。それは、形状から「台形状ナイフ」と「切出状ナイフ」とよんだ（図14）。台形状ナイフは、打面《だめん》にそった加工により、刃先が尖らずに平らな台形の石

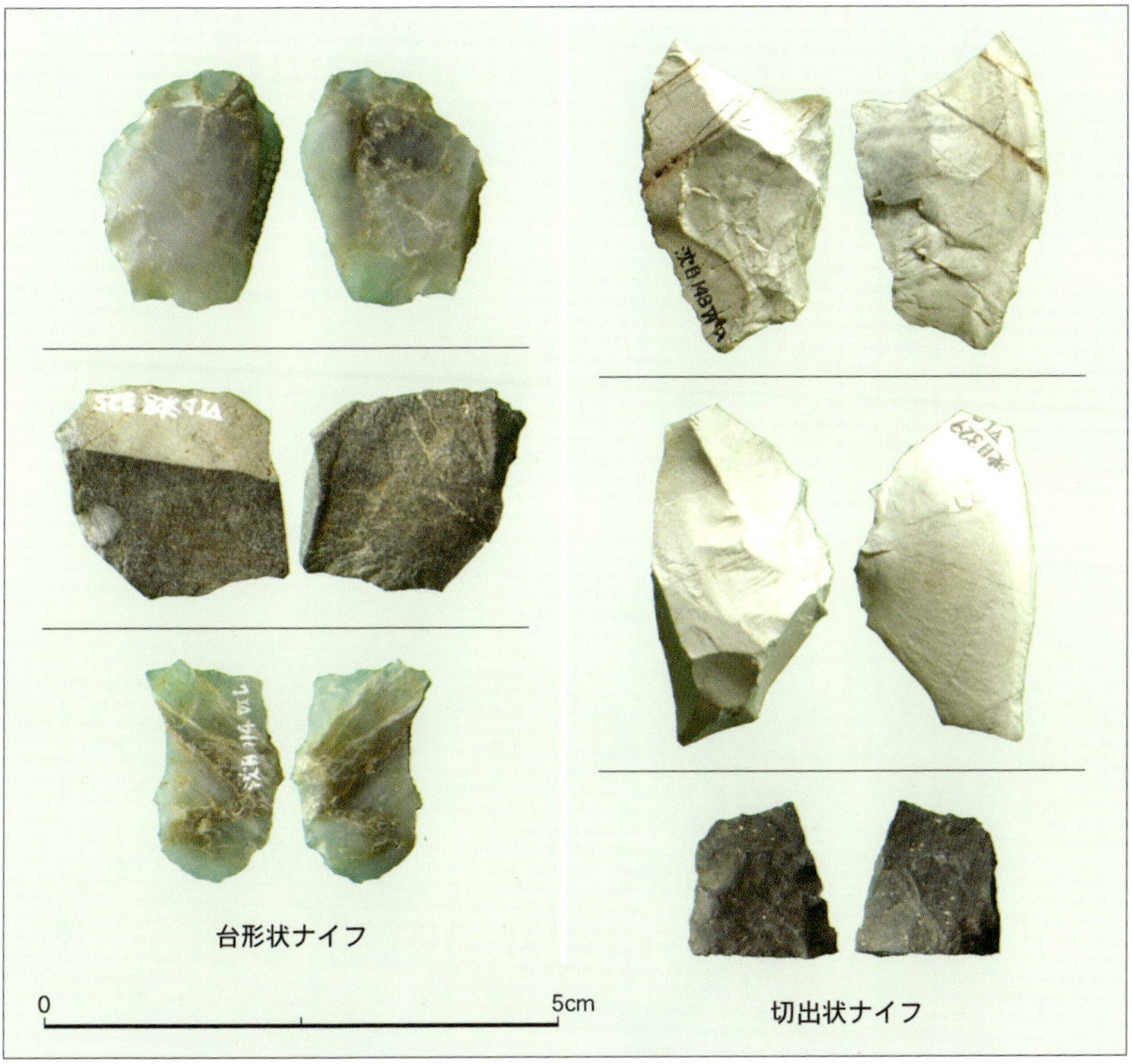

図 14 ● 沈目石器文化の「突き刺す」道具（類ナイフ状石器）
先土器時代の重要な活動である狩猟に使われたと思われるが、
突き刺す道具としては少々心もとない。

器である。一方、切出状ナイフは、平坦な剝離の加工（平坦剝離加工）により、刃がやや斜めになって、尖った刃先をもった石器である。

沈目遺跡でみつかった類ナイフ状石器は狩猟をするには少々心もとない。仮に、これらが突き刺す道具であったとしても、鋭い切っ先の柳葉形《りゅうようけい》ナイフ（九州におけるナイフ形石器文化の変遷でいうと第Ⅱ期後半、第5章参照）や、鋭い切っ先と重量感のある剝片尖頭器や三稜尖頭器（第Ⅲ期）とくらべれば、機能的に劣っていたことは一見して明らかである（図15）。沈目人は狩猟活動を積極的におこなっていなかったのだろうか。

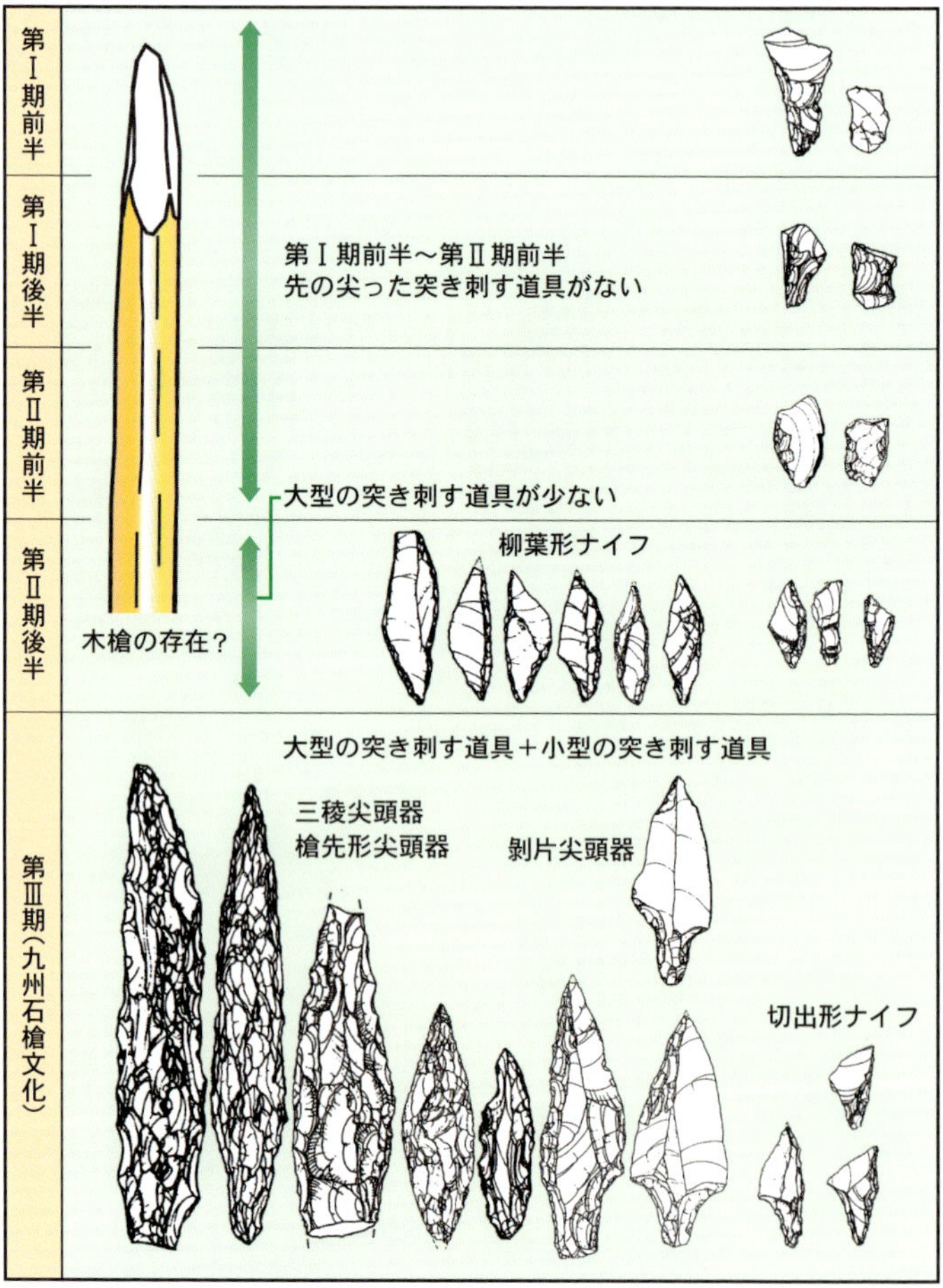

図15 ● 九州での狩猟具の移り変わり
九州では、木槍＋小型の石器、やや大きめの石器＋小型の石器、大型の石器＋小型の石器の組み合わせへと変遷したと思われる。

一つの可能性として、木槍があったと想定しておいてもよさそうである。木槍は石器にくらべて強度は劣るとしても、それなりの威力は期待できる。木質が問題になろうが、身近にある木材を切り出し、それを加工すれば容易につくることができたはずである。

九州石槍《いしやり》文化の大型狩猟具と小型狩猟具との構図とまではいかなくとも、大型の木槍と類ナイフ状石器を槍先にした小型の槍は、それぞれがそれぞれの役割を担っていたことも考慮しておいてもよさそうである。そうならば刃部磨製石斧《じんぶませいせきふ》が木材の伐採に利用され、鋸歯状削器《きょしじょうさくき》が槍先のつくりだしに利用された可能性もでてくるかもしれない。

切り削る道具

切り削る道具は、肉や木材を切ったり、骨や牙、角、木材などを削ったりするための刃物で、現代でも生活必需品である。剝片の側縁《そくえん》に浅い角度の刃をつけた削器や、剝片の側縁に湾曲した刃をつけた抉入《けつにゅう》石器がある。そのほか剝片をそのまま使った刃器《じんき》もある。

沈目遺跡では、削器と抉入石器（図16）が総石器数の三七パーセントも占め、一番目立っていた。二次加工のある不定形石器や使用痕のある剝片もこれに類した石器であり、これらを加えると、じつに石器の七四パーセントを超えていた。沈目人の活動がおぼろげながらも目に浮かぶようである。

こうした切り削る道具のなかで、沈目を代表するのが鋸歯状削器である（図17）。間隔をあけた大振りの打撃でつくりだした鋸の歯のようなギザギザした刃が特徴で、「剝片を素材とし、

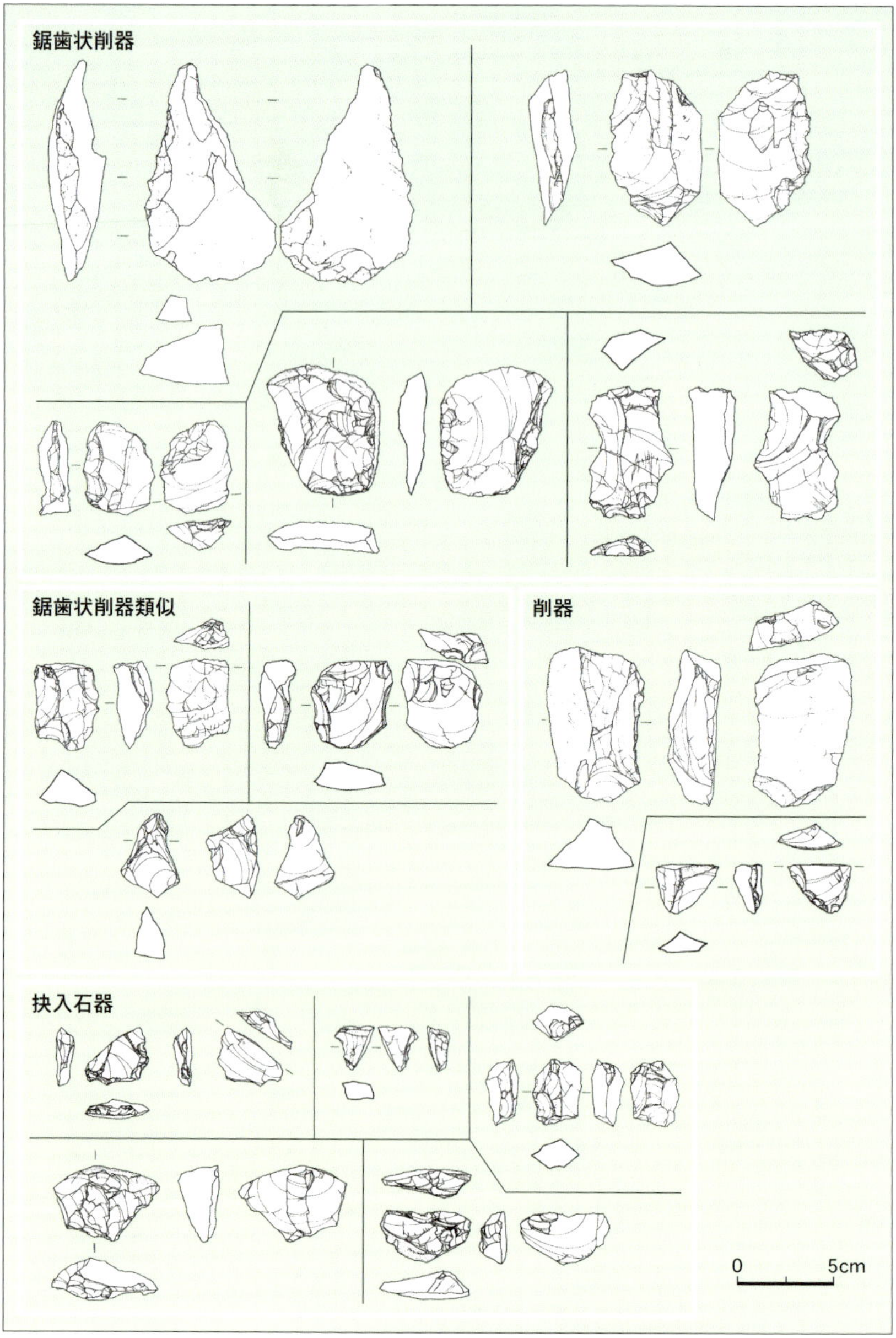

図 16 ●沈目石器文化の「切り削る」道具
肉や木材を切ったり、骨や牙、角、木材などを削ったりするための刃物で、総石器数の 37% を占める。

図 17 ● **鋸歯状削器**
鋸の歯のようなギザギザした刃が特徴の沈目石器文化を代表する石器。

鋸歯状の刃部をもつ石器」と竹岡俊樹《たけおかとしき》が定義したように、別器種で扱われることもある。

　剥片の裏面側に刃をつけたものと表面側に刃をつけたものがあり、その刃は円弧状や緩い弧状、直線状をしていた。鋸歯状削器の製作には、分厚くて大型の横長剥片や横広剥片、幅広剥片が使われていた。

　切り削る道具ではこのほか二〜三回だけの打撃でつけた短い刃の削器（図18）もあった。刃の長さで程度の差があるに

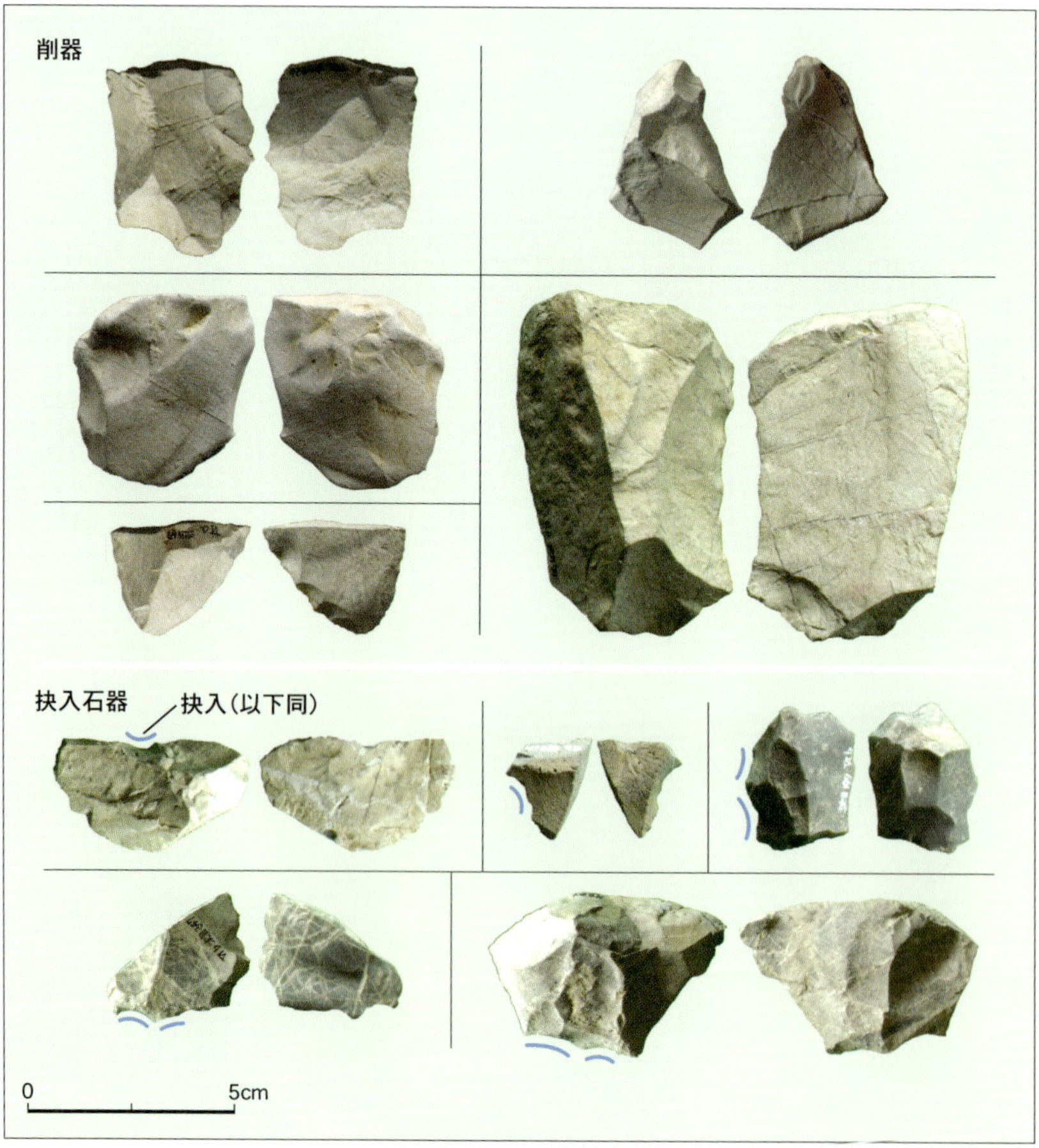

図 18 ● 削器と抉入石器
削器は 2 〜 3 回だけの打撃でつけた短い刃をもち、抉入石器は剥片の側縁に湾曲した刃がつけられている。

はあるが、刃のつくりや石器素材で共通してもおり、鋸歯状削器と分類しても差し支えない。また通常の削器や抉入石器もあった。

磨る、敲く道具など

先土器時代の食料は動物ばかりではない。植物性の食料や資材を加工したりする道具が必要であった。それが、「磨る、敲く、敲き割る、磨く」道具である（図19）。

磨る道具、敲く道具は、植物性食料を加工するための製粉具であった。先土器時代では、磨石《すりいし》・敲石《たたきいし》と石皿《いしざら》・台石《だいいし》がセットで使用されていた。また、石器づくりには敲石が使用されていた。磨石・敲石は、片手につかめる程度の大きさの、丸い河原礫をそのまま使った石器である。表面に磨り減った跡があったり、コツコツと敲いてついた痘痕《あばた》のような跡が残されたりしている。

図19 ● 沈目石器文化のそのほかの道具
磨石・敲石・石皿・台石は植物性食料を加工するための製粉具とか、石器づくりに利用された石器であった。礫器は木材などを敲き割る際に使用された。

石皿・台石は、平たい面をもった、大きめの河原礫をそのまま使った石器である。磨石・敲石と対で使われることから、同じような磨り痕跡や敲き痕跡を残している。

敲き割る道具としては、木材などを敲き割る際に礫器が使用されていた。礫器は、河原礫の一端を敲き割って刃をつけただけの、とてもシンプルな石器である。

磨く道具は砥石《といし》で、磨製石斧の研磨に使用された。

このほか木を伐採するための磨製石斧もあった。

掻き削る道具は、動物の皮についた脂肪の掻きとりなどの皮なめしに使われた。先土器時代には、剝片の先端に角度の大きい刃をつけた縦形掻器《そうき》、剝片のまわりに角度の大きい刃をつけた円形掻器などがあった。

彫る道具は、骨や牙、角、木材などに彫刻をするために使われた。先土器時代の石器としては、剝片の一端に樋状《ひじょう》の細長い刃がつけられた彫器があった。

穿つ道具は、毛皮、骨、木材などに孔を空けるための道具であった。先土器時代の石器としては、鋭い切っ先がつけられた揉錐器《もみきりき》があった。手でつかんでえぐるように使用された。

2　沈目人の石器づくり

少ない接合資料

石器は、打ち割ったり、削りだしたりと、石の破壊をくり返しながらつくりあげられていく。

その間、素材となった剝片が目的的にはぎとられたり、それをはぎとった石核が結果的に残核《ざんかく》として棄てられたり、石器製作の途中で壊れた未加工品や飛び散った大小さまざまな剝片・砕片などが副次的、偶発的につくりだされたりした。

それら石器づくりの痕跡は、石器づくりの過程を具体的に教えてくれる格好の情報源となっている。その最たるものが石核、剝片・砕片、石器などをつなぎ合わせた接合資料である。

ところが沈目では接合資料が二二点しかなく、しかも数点の接合にすぎなかった。これでは残念ながら石器づくり＝「剝片剝離」の手順を再現できそうにない。そこで石器をつくった後に残された石核から、当時の技術のあらましをさぐることにしよう。

さまざまな種類の剝片

沈目の石器は、幅が広く寸詰まりの形をした幅広剝片から、横に広めの横広剝片、さらには長さに対して倍以上の横幅がある横長剝片までと、さまざまな形の剝片（図20）を素材につくられていた。同じような規格の縦長剝片を連続してはぎとる刃器技法や、規格的な横長剝片を連続してはぎとる瀬戸内技法とは異なり、けっして規格性のある剝片ではなく、さまざまな形の剝片がその場その場ではぎだされていたところに特徴がある。

では、これらの剝片はどのようにはぎとられたのだろうか。

沈目では剝片のはぎとりや石器づくりが盛んにおこなわれていたようで、石器類の一二パーセントを占める数の石核が発掘された。これらの石核は、表面に残された剝離の痕跡や打面の位置などを観察してみると、四種類あることがわかった。多面体形石核と求心状剥離石核、単打面石核、交互剥離石核である（図21）。

多面体形石核　一番多かったのは多面体形石核である。これは転がすようにつぎつぎと打面を替えていくもので、剥片をはぎとった面を新たな打面にしてつぎの剥片をはぎとるという作業をくり返す。しかし、打面にはつぎのはぎとりを良好にするための打面調整がなく、打面の縁を整えるための頭部調整も観察できなかった。はぎとられたものはおもに縦長剥片や幅広剥片で、横広剥片もわずかながらあった。

求心状剥離石核　つぎに多かったのは求心状剥離石核である。縁辺に

図20 ● さまざまな種類の剥片
沈目石器文化では、縦長、幅広、横広、横長の剥片が石器づくりに使用されていたが、連続して同じ形の縦長剥片をつくりだす刃器技法は存在していなかった。

沿って打面を移しながら剝片剝離を進めていった石核である。その結果、石核の剝離面には求心状の剝離の痕跡が残されることになった。打面調整はないものの、頭部調整をもつものがあった。はぎとられたものは横広剝片や横長剝片が主で、そのほかに幅広剝片もはぎとられていた。円盤状石核とよばれることもある。

単打面石核　打面を一つの面に固定して剝片をはぎとっていくものである。数はわずかしかない。打面調整や頭部調整がおこなわれず、おもに縦長剝片や幅広剝片がはぎとられ、横広剝片もはぎとられていた。多面体形石核に近い石核もあった。

交互剝離石核　打面と剝離面を交互に入れ替えながら、両刃《もろば》礫器状に剝片剝離を進めていくものである。これも数はわずかである。打面調整はないが頭部調整をもつものがあり、おもに横広剝片や横長剝片がはぎとられ、幅広剝片も

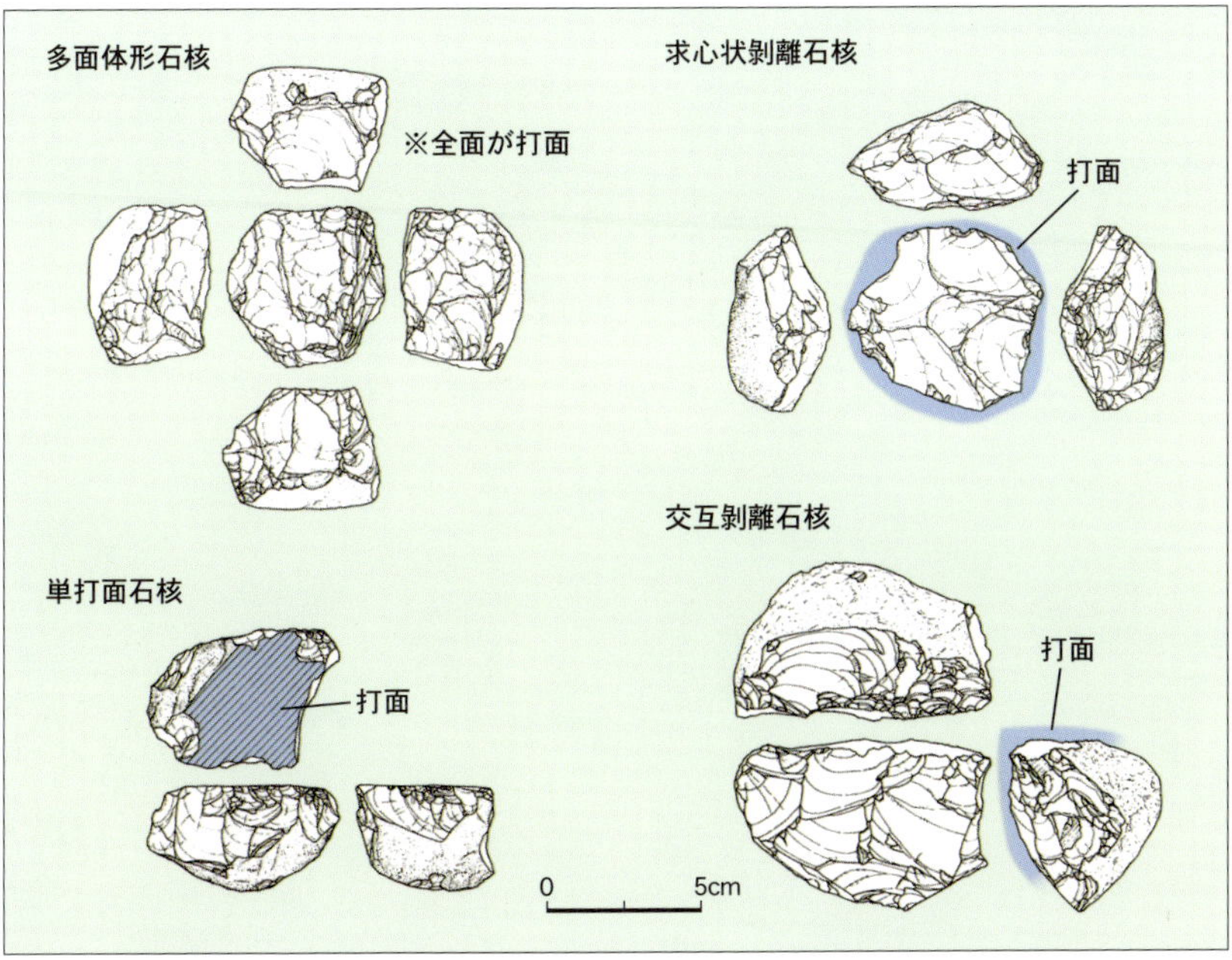

図21 ●石核の例
沈目石器文化で一番多かったのは多面体形石核で、つぎに多かったのが求心状剝離石核であった。刃器技法の石核がみあたらないのが特徴的である。

はぎとられた。求心状剥離石核に近い石核であった。

みあたらない刃器技法

沈目は、世界史的には「後期旧石器時代」にあたっている。この後期旧石器時代を技術的に特徴づけているのが、同じ規格の縦長剥片を連続的にはぎとることができた刃器技法であった。

仮にその起源を地球レベルでたどろうとすれば、アフリカ大陸で一〇万年前に近い例が報告されている。とはいっても、日本列島であらわれるのは、ヨーロッパとほぼ同じ三万年前近くのことと考えられている(図22)。まさに沈目の年代に近いわけだ。ところが、沈目では、刃器技法はみあたらず、大きさにも形状にも規格性がない剥片をはぎとる技術があるだけだった。ましてや、刃器技法ではぎとられた縦長剥片を利用した石器もみいだせない。そこにどんな歴史的背景があるのだろうか。そのことを追究するまえに、沈目ムラと沈目人の社会に迫ってみよう。

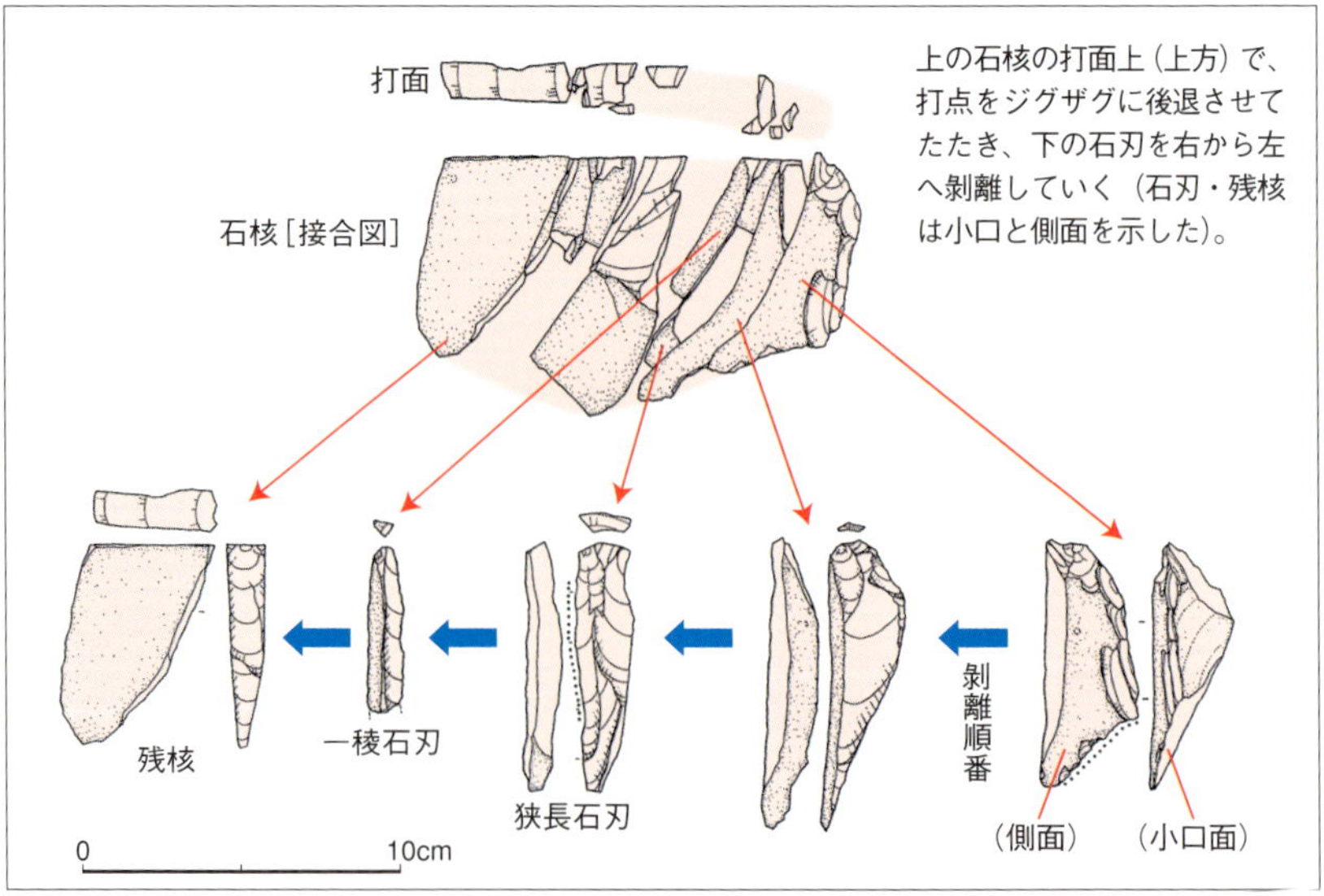
打面
石核［接合図］
上の石核の打面上（上方）で、打点をジグザグに後退させてたたき、下の石刃を右から左へ剥離していく（石刃・残核は小口と側面を示した）。
残核
一稜石刃
狭長石刃
剥離順番
（側面）
（小口面）
0
10cm

図22 ● 日本列島最古の刃器技法
日本列島に刃器技法があらわれるのは、ヨーロッパとほぼ同じ３万年前近くのことであった。図は長野県八風山遺跡群のもの。

第３章　生きたムラと社会

1　沈目ムラを復元する

ブロックとユニット

先土器時代の遺跡で住居跡がみつかることはそうそうあることではない。わずかに北海道の中本《なかもと》遺跡や神奈川県の田名向原《たなむかいはら》遺跡、大阪府のはさみ山遺跡、広島県の西ガガラ遺跡などの例があるぐらいだ。ほとんどの場合、先土器時代の人間が住んだ痕跡は、限られた場所に偏在して分布する石器類のまとまりでしかない。考古学者は、こうした石器類のまとまりを「ブロック」とよんでいる。そして、複数のブロックが寄り集まって一つの分布域が成り立っているものを「ユニット」とよぶ。

沈目遺跡では、南北約三五メートル×東西五メートルの範囲に、南北二カ所に石器類が偏って出土していた（図23）。この二つの分布域を「北ユニット」と「南ユニット」としよう。

北ユニット

北ユニットは調査区中央の平坦部の南縁付近にある。広がりは、南北一〇メートル×東西五メートルである。なかに二つのブロックがあり、北から順にAブロック、Bブロックとよんでおこう。

Aブロックは、長径六メートル×短径四メートルの広がりである。鋸歯状削器一点、削器二点、二次加工のある不定形石器一点、使用痕のある剥片一点、石核一六点、剥片・砕片六四点の計八五点の石器類が出土している（**表1、以下、各ブロックも表1参照**）。Bブロックは、長径四メートル（推計）×短径四メートル（推計）の広がりである。削器二点、類ナイフ状石器二点、敲石一点、石核三点、剥片・砕片三四点の計四二点の石器類が出土している。

鋸歯状削器がAブロックのみに、また類ナイフ状石器がBブロックのみに含まれてはいるが、

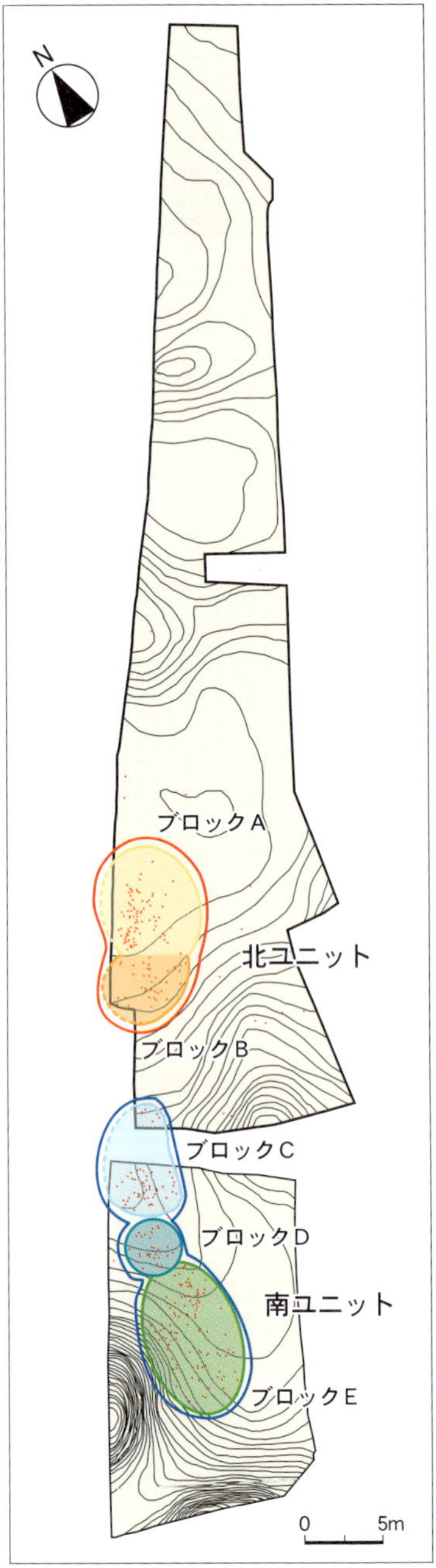

図23 ● 沈目遺跡のユニットとブロック
沈目遺跡では、南北2カ所に石器類が偏って出土した。南北のユニットがそれで、それぞれ2～3のブロックに分かれていた。

ブロックごとでこれといった突出した特徴があるわけでもない。それぞれに時期的に異なる石器もみられない。石器類の組み合わせは単純といえば単純である。だが、これこそが同時性を示唆するものであろう。

その一方で、頭に入れておくべきこともある。それは、敲石がブロックBに一点あり、それといっしょに使用される台石がブロック外で一点出土していることである。

南ユニット

南ユニットは南にのびた尾根から谷の谷頭にかけてある。なかに三つのブロックがあり、北からCブロック、Dブロック、Eブロックとしよう。

Cブロックは、長径六メートル（推計）×短径四メートル（推計）の広がりである。鋸歯状削器二点、削器一点、抉入石器一点、二次加工のある不定形石器四点、使用痕のある剝片一点、石核六

		北ユニット				南ユニット			
	ブロックA	ブロックB	合計	ブロック外	ブロックC	ブロックD	ブロックE	合計	ブロック外
広がり(m)　長	6	(4)	10		(6)	3.5	9	15	
広がり(m)　短	4	(4)	5		(4)	3.5	5	5	
鋸歯状削器	1		1		2		1	3	
削器	2	2	4		1	1	1	3	
抉入石器					1		2	3	
類ナイフ状石器		2	2				3	3	
礫器						1		1	
敲石		1	1				1	1	
台石				1					1
二次加工のある不定形石器	1		1		4	2	2	8	
使用痕のある剝片	1		1		1		1	2	
石核	16	3	19		6	6	13	25	
剝片・砕片	64	34	98		37	19	83	139	
石器類合計	85	42	127		52	29	107	188	

表１ ● 各ブロックから出土した石器
（ ）内は推定値。ブロック外は台石のみ掲載。

点、剝片・砕片三七点の計五二点の石器類が出土している。

Dブロックは、長径三・五メートル×短径三・五メートルの広がりである。削器一点、礫器一点、二次加工のある不定形石器二点、石核六点、剝片・砕片一九点の計二九点の石器類が出土している。

Eブロックは、長径九メートル×短径五メートルの広がりである。鋸歯状削器一点、削器一点、抉入石器二点、類ナイフ状石器三点、敲石一点、二次加工のある不定形石器二点、使用痕のある剝片一点、石核一三点、剝片・砕片八三点で、計一〇七点の石器類が出土している。

これら三つのブロックの石器類の組み合わせからうかがえることは、北ユニットの二つのブロックと同じように、それぞれのブロックには同時性がある、ということである。その一方で、注意すべきこともある。それは北ユニットでも指摘しておいたように、敲石がブロックEに一点あり、それといっしょに使用される台石がブロック外で一点出土していることである。

石器・石材接合の分析

調査の結果、これらのユニット・ブロックは同じⅥb層から出土している。石器の石材や特徴にも違いがない。このことから同時に存在した可能性が高い。その点を接合資料の共有関係からみていこう（図24）。

ブロック同士が同時にあったことを証明するためには、それぞれのブロックに含まれる石器類がどのように接合するのかがとても重要な情報となる。なぜならば、くっついたもの同士には連続した作業があるからで、それが複数のブロックに散らばっているなら、そのブロック同士には作業の連続性が想定できるからである。しかも、その件数が多ければ多いほどその可能性は高まってくる。

そこで、こうした観点で石器の石材や特徴にも違いがないことから推しはかった同時存在の可能性をさらに具体的に検討してみたい。

表2をみていただきたい。●が剝片で、■が石核、矢印（↓・↑）でつないである資料はくっついた方向を示している。たとえば、石核と剝片の接合であれば、当然、剝片が石核にくっついているわけで、剝片から石核のほうに矢印がむくといった具合である。これに対して、矢印なしの■でつないである資料は、その方向が不明な事例である。たとえば、折れていたもの同士がくっついた場合には、それが特定できないので矢印をつけていない。

沈目の接合資料は全部で二二例あった。このなかでブロック間の共有関

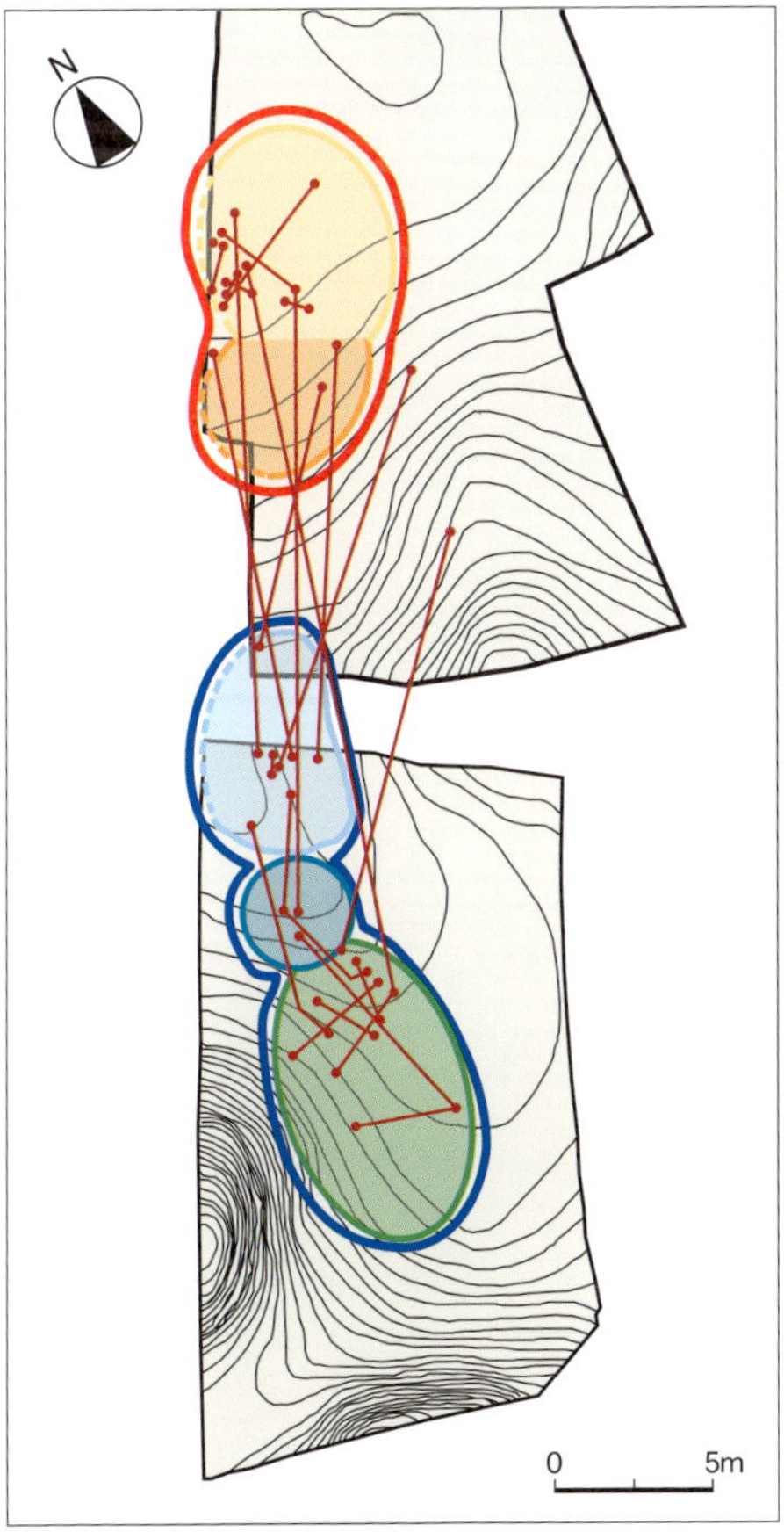

図24 ● 石器の接合図
それぞれのブロックに含まれる石器類がどのように接合するのかが、ブロック同士の同時性を証明するためにとても重要な情報となる。

係を示す異ブロック間の接合関係は一二例あった。資料2は、ブロックEの剝片がブロックAの剝片に接合した例。資料3は、ブロックDの剝片とブロックAの剝片がブロックAの石核に接合した例。資料4は、ブロックAの剝片がブロックEの剝片に接合した例。資料5は、ブロックAの剝片がブロックCの剝片に接合した例。資料6は、ブロックEの二点の剝片がブロックAの石核に接合した例。資料9と12は、ブロックBの剝片がブロックCの剝片に接合した例。資料11は、ブロックCの剝片がブロックAの石核に接合した例。資料13は、ブロックCの剝片とブロック外の剝片が接合した例。資料15は、ブロックCの剝片とブロックDの剝片が

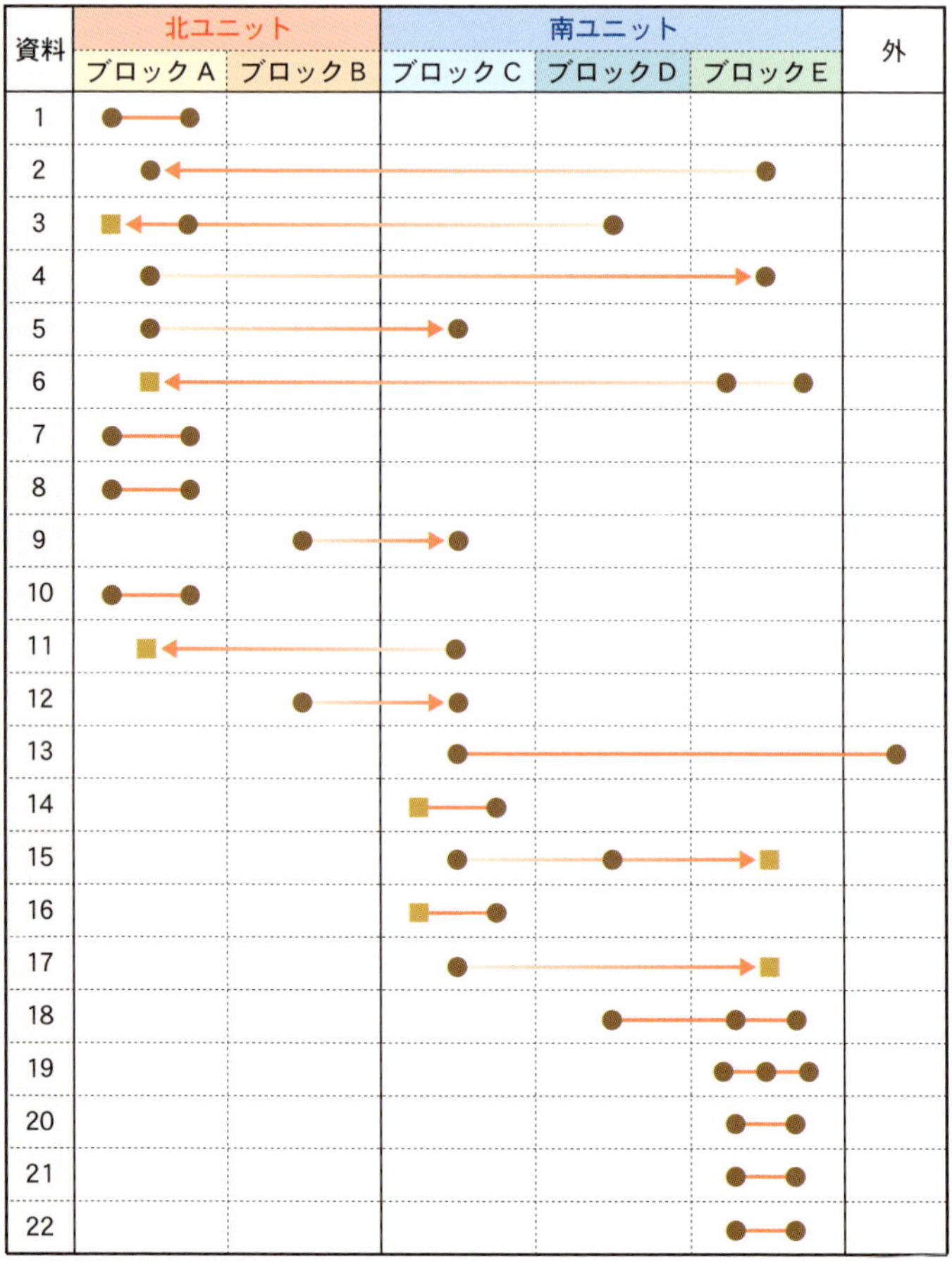
資料
北ユニット
南ユニット
外
ブロックA
ブロックB
ブロックC
ブロックD
ブロックE
1
2
3
4
5
6
7
8
9
10
11
12
13
14
15
16
17
18
19
20
21
22

表2 ● ブロック間の石器の接合関係
●が剝片で、■が石核、矢印（➡・⬅）でつないである資料はくっついた方向を示している。

ブロックEの石核に接合した例。資料17は、ブロックCの剝片がブロックEの石核に接合した例。資料18は、ブロックDの剝片とブロックEの剝片が接合した例。以上一二例である。

これらの接合例をみると、ブロックBが関係する接合事例は資料9と資料12の二例で少ないとはいえ、五カ所のブロックには直接的にも間接的にも共有関係があることがわかるはずである。つまり、これらのブロックには剝片をはぎとるという「作業の連続」が認められ、同時性が証明できるわけである。

では、これらのブロックはどのようにして成り立ち、どのような関係にあったのだろうか。

ブロックの成り立ちと関係

まず手はじめに、それを敲石と台石から検討していこう。

先に、敲石と台石の出土状況にふれた。それをもう一度整理するとつぎのようになる（図25）。敲石は、北ユニットのブロックBと南ユニットのブロックEで一点ずつ出土した。また、台石は、ブロックAの北一〇メートルほどの所とブロックEのはずれで一点ずつ出土した。つまりセットで使用される敲石と台石が北ユニットと南ユニットで一点ずつ保有されていたことになる。このことからうかがえるのは、二つのユニットでそれぞれ独立した植物性食料の処理なり、石器づくりなりがおこなわれていたことである。

問題はこれからだ。敲石と台石の保有状況から独立性が強いと考えた北ユニットと南ユニットであるが、その間には接合資料からうかがわせてくれた「作業の連続」、同時性も認められる。そこでつぎに接合資料の共有関係をみて、石器類の動きを具体的に跡づけてみよう（表2）。

石器類が接合すること、しかもそれは異なるユニット同士なり、異なるブロック同士なりで接合する場合、そこには石器類の移動を想定しなければならない。しかも石器類の出土状態が良好な場合には、自然の営力ではなくヒトが移動にかかわったものと考えることが自然である。そうした観点で、石核と剝片の接合事例である資料3、資料6、資料11の接合状況をみてみよう。そうすると、いずれも北ユニットの石核に南ユニットの剝片がくっついていることがわかる。

これらの三つの資料には二つの可

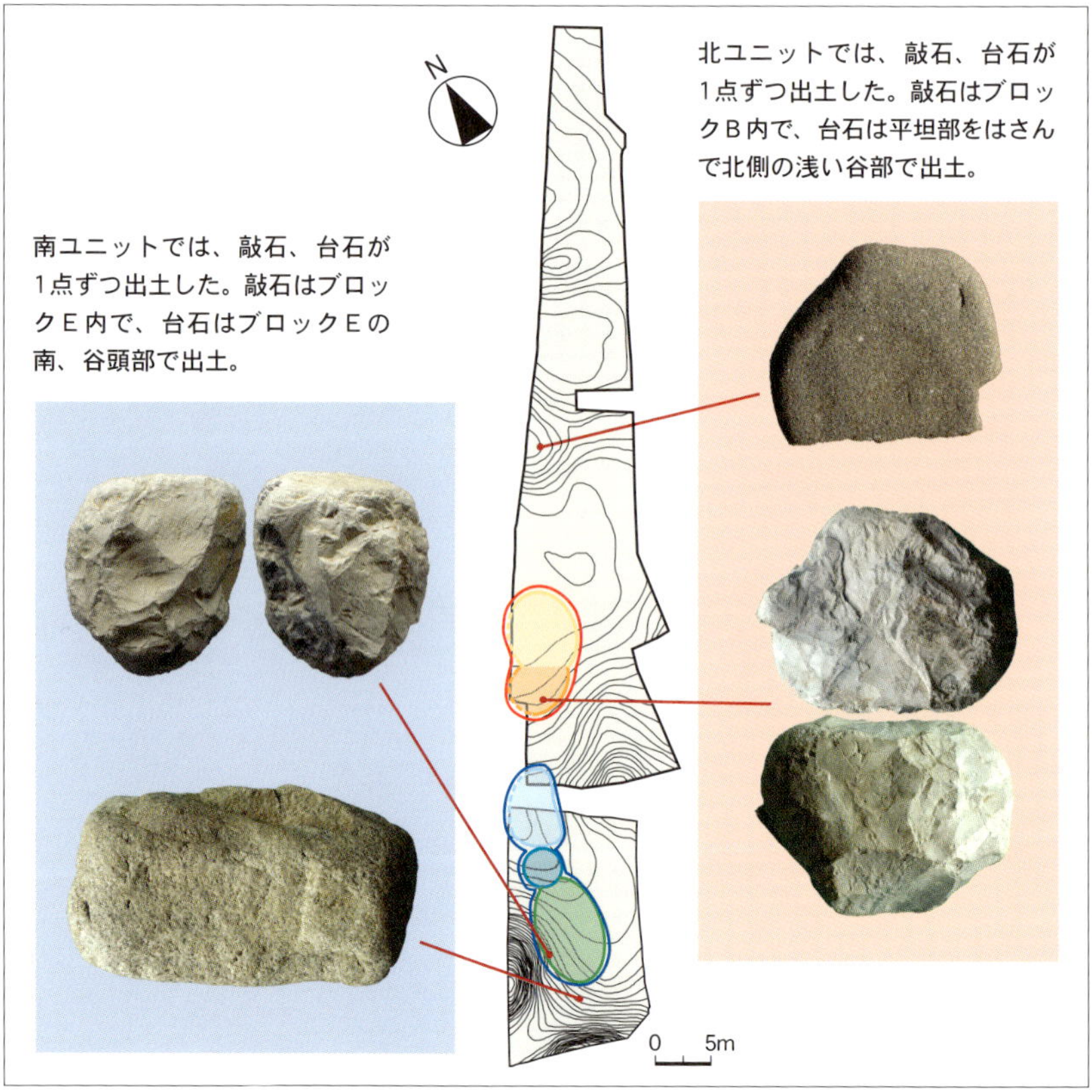
北ユニットでは、敲石、台石が1点ずつ出土した。敲石はブロックB内で、台石は平坦部をはさんで北側の浅い谷部で出土。
南ユニットでは、敲石、台石が1点ずつ出土した。敲石はブロックE内で、台石はブロックEの南、谷頭部で出土。
N
0
5m

図25 ●敲石と台石が出土した位置

能性を読みとることができる。一つの可能性は、南ユニットで剝片をはぎとった後に、石核が北ユニットへ移ったパターンであり、もう一つの可能性は、北ユニットで剝片をはぎとり、その剝片だけを南ユニットに持ち出したパターンである。

つぎに剝片同士の接合事例をみていこう。資料2、資料4、資料5、資料9、資料12の五つの資料は、北ユニットの剝片に南ユニットの剝片がくっついた資料2、南ユニットの剝片に北ユニットの剝片がくっついた資料4、資料5、資料9、資料12に分けることができる。

資料2の場合には、三つの可能性が想定できる。一つは石核が南ユニットから北ユニットに移動するなかでそれぞれのユニットで剝片がはぎとられたパターン、二つ目は剝片が北ユニットではぎとられてから南ユニットに運び出されたパターン、三つ目は剝片が南ユニットではぎとられてから北ユニットに運び出されたパターンである。石核がいずれのユニットにも残されていないことから、石核は北ユニットもしくは南ユニットから別のところに持ち出された可能性が高い。

一方、資料4、資料5、資料9、資料12の場合には、資料2とは逆のパターンの三つの可能性が想定できる。一つは石核が北ユニットから南ユニットに移動するなかでそれぞれのユニットで剝片がはぎとられたパターン、二つ目は剝片が南ユニットではぎとられてから北ユニットに運び出されたパターン、三つは剝片が北ユニットではぎとられてから南ユニットに運び出されたパターンである。

それぞれのユニット間の石核や剝片の移動では、このように一つの事象で複数のパターンの可能性が類推されるのである。ただし、どのパターンであっても実際に石核や剝片が移動していたことは事実であり、互いに共有関係があったことに変わりはない。このことから、植物性食料の処理や石器づくりで独立していた南北のユニットは、石核を共有しあったり、剝片を譲渡しあったりするなどの親近的な関係で結ばれていたものと推測できる。当然、それぞれの担い手同士の関係にも親近的な関係を想定しなければならないだろう。

ブロックは生活・居住の最小単位

こうした石器の接合関係から当時の集団・社会にはじめて光をあてたのは、明治大学の戸沢《とざわ》充則《みつのり》、安蒜《あんびる》政雄《まさお》であった。二人は、一九六七年に発掘した埼玉県砂川《すながわ》遺跡の石器類の個体別資料分析をとおして、そのことを活き活きと表現したのである。そしてその分析法は先土器時代社会研究の嚆矢《こうし》として、さまざまな機会で引き合いに出されるほどスタンダードとなっている。

戸沢と安蒜は、砂川遺跡の石器石材の個体ごとの動きを分析するなかでこう結論づけた。「一単位のブロックが、おおよそ一つの生活・居住の最小の単位、居住の範囲を示しているものと考えてよい」と（図26）。まさに端的なブロックの定義であろう。この考え方は、「ブロック＝世帯」という概念を基本にすえて、当時の社会を具体的に理解しようとした鈴木《すずき》忠司《ちゅうじ》にも共通する。

二つ三つのブロックによって構成されている遺跡がもっともシンプルで一般的なムラの姿であることはよく知られている。そういう意味では、北ユニットに二つのブロックが、南ユニットに三つのブロックがあった沈目遺跡は、当時の基本的なムラが二つ合わさった遺跡であるということになる。戸沢・安蒜、鈴木らの研究をふまえれば、北ユニットを二つの世帯が住むムラ、南ユニットを三つの世帯が住むムラとみなすこともできるわけである。

ところで、当時のもっともシンプルで一般的なムラを遺した二つ三つの世帯であるが、これを当時の基本的で単位的な集団と考え、「単位集団」とよんだことがあった。この単位集団とは、近藤義郎《こんどうよしろう》が弥生時代社会を考える際に設定した概念である。近藤は、弥生時代の小集落が「消費の単位」となると考え、そこでの構成員を単位集団とよんだのである。近藤はさらに、この概念を縄文時代、旧石器時代にまで適用して、原始社会の歩みを読み解こうとしたのであ

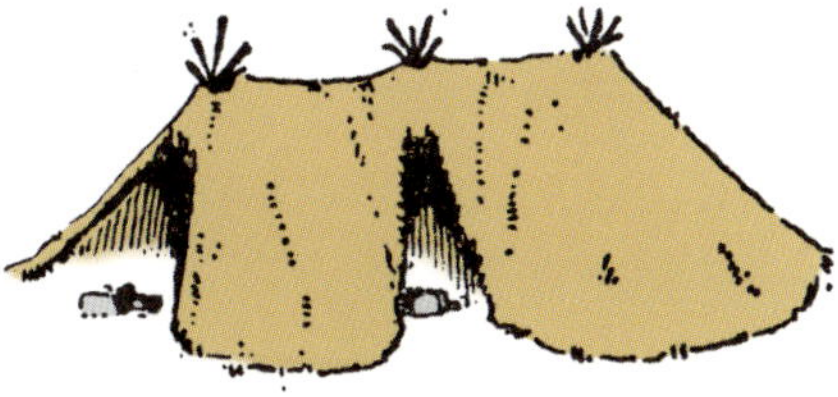

パンスヴァン遺跡で想定復元されたテント状住居

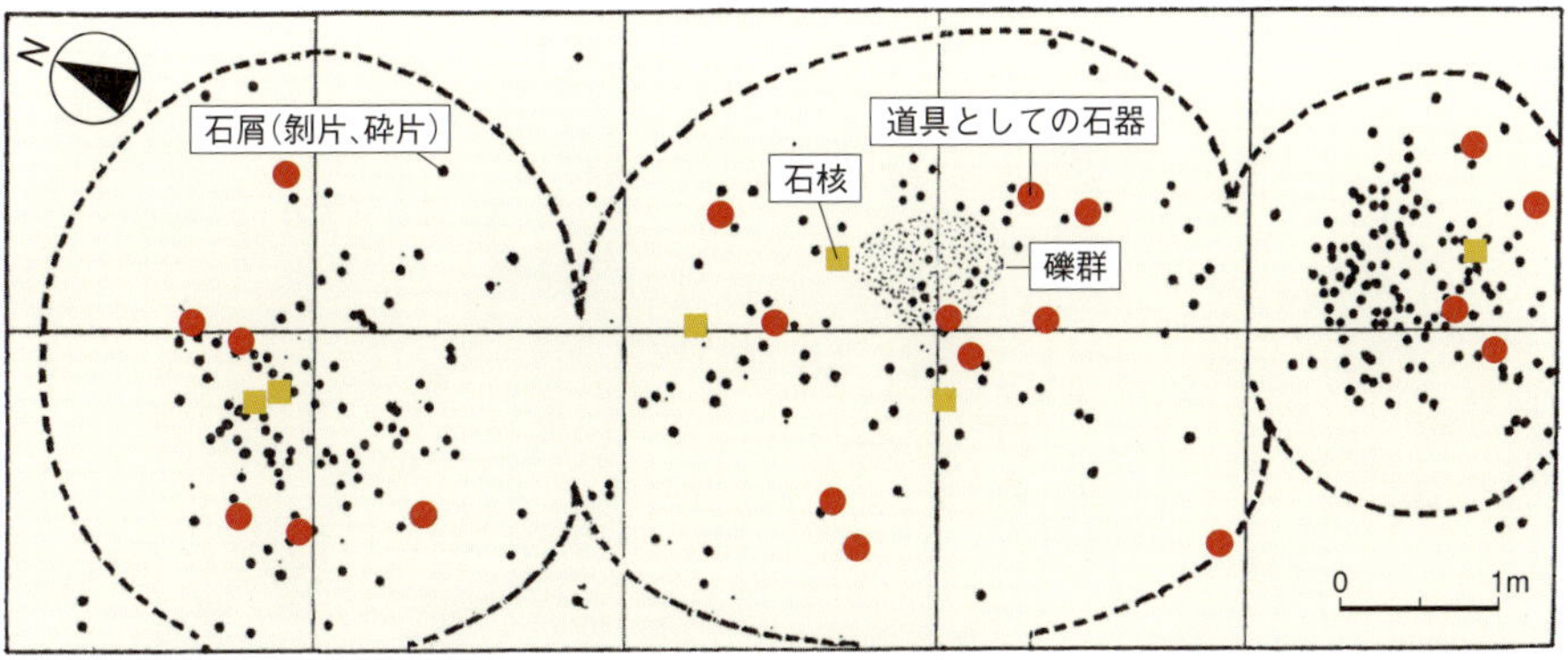

砂川遺跡A地点の石器集中部

図 26 ● ブロックと住居イメージ
戸沢充則は、砂川遺跡のブロックとフランスのパンスヴァン遺跡復元の住居を関連づけて、上図のようにイメージした。

る。そこでわたしは、この近藤の概念を借用して、ムラを遺した二つ三つの世帯を「単位集団」とした。そこでその観点を踏まえ、沈目人のムラ構えを考えてみたい。

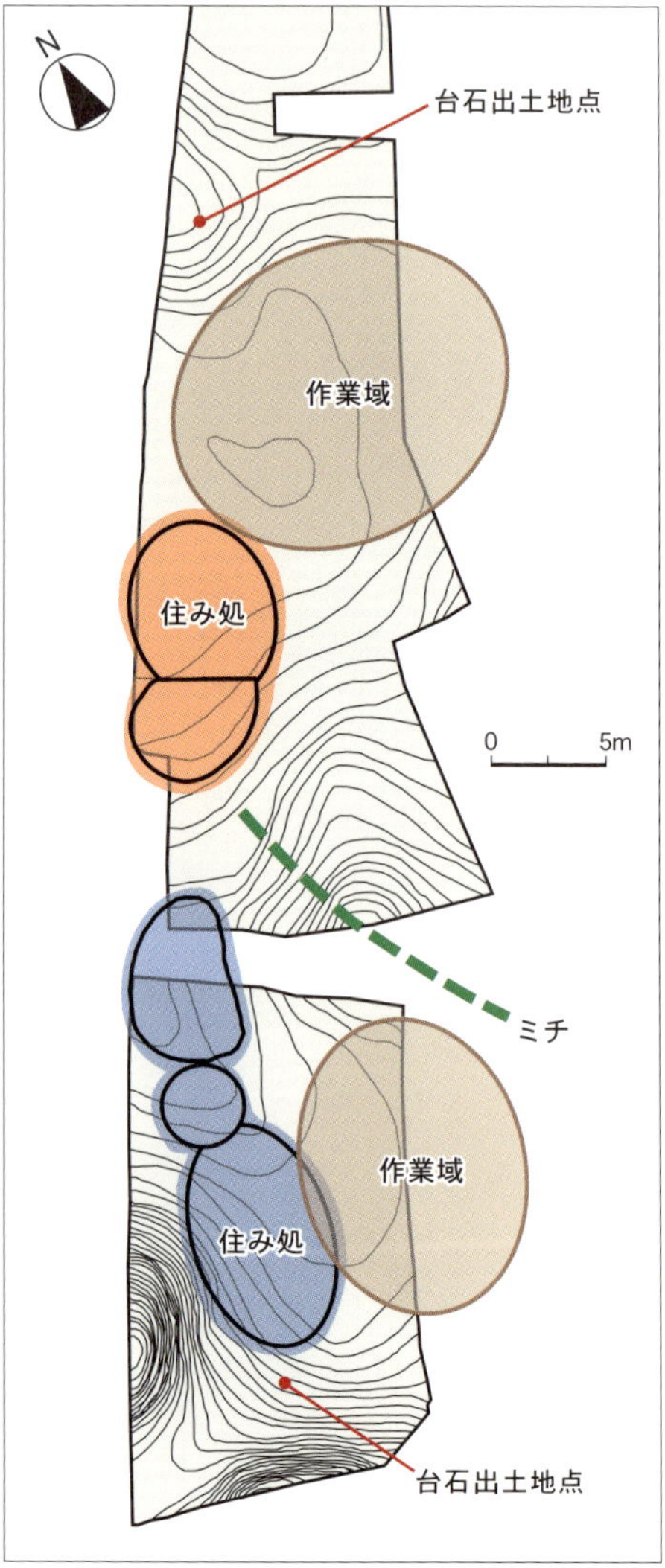

図27 ● 沈目人のムラ構え
先土器時代の沈目遺跡は、独立性と親近性をあわせもった２つの単位集団が集まって暮らしていたムラの跡だった。

沈目人のムラ構え

沈目遺跡の内容・規模、周辺の地形からみて、この遺跡には別のユニットやブロックがないと考えられる。つまり、先土器時代の沈目遺跡は、独立性と親近性をあわせもった二つの単位集団が集まって暮らしていたムラの跡（図27）だった、と解釈できる。

このムラには、二つの単位集団が別々に暮らした二箇所の「住み処」があった。それらは五メートルほどの間隔をおき、高低差五〇センチほどの段違いで南北方向に並んでいた。

その向きは前面のせまい土地をはさんで、あたかも東側の谷を望んでいたかのようでもあった。その前面のせまい土地は「作業域」に適した空間である。それを暗示するかのように、北側の作業域の近くには台石が出土しているし、南側の作業域の近くの谷にも落ち込んだ台石が出土している。おそらくそれらの台石を使用しての植物性食料の処理がそれぞれの作業域でおこなわれていたのではないだろうか。ならば、当然、食事は単位集団ごとに別々におこなわれていたはずだ。石器づくりも単位集団ごとにおこなわれていたらしい。しかし時に隣同士で石核や剥片を譲りあうこともあったようだ。

さらに、低地に短時間で下りることが可能な谷には、低地に下りていくためのミチを想定することもできる。それは、適当な石がたくさん落ちている河原に、石器の材料の調達に行くためのミチである。また、広い台地であり、なかなか場所を想定することはできないが、狩猟、採集に向かうためのミチもあったはずである。

このようにして沈目人のムラ構えがみえてくるのである。

2　地域の大きなムラ・小さなムラ

大規模なムラ・石の本八区下層石器文化

さてつぎに、沈目ムラの周辺地域に目をむけてみよう。

沈目遺跡とほぼ同じ時期に、石《いし》の本《もと》遺跡群の「石の本八区下層石器文化」があった。石の本遺跡群の第八地区の下層からみつかった石器群が指し示す文化という意味である。

石の本遺跡群は、熊本市の東部、熊本市平山町《ひらやままち》にある総面積一〇万平方メートルを超える遺跡群である。一九九九年一〇月二三〜二八日に熊本県内で開催された『くまもと未来国体』秋季大会の主会場の建設にともない、一九九四〜九七年に発掘調査がおこなわれた（図28）。

調査では、先土器時代から中世にかけての遺構・遺物がたくさんみつかったが、なかでも先土器時代では、AT上下から三つ（地点を違えて細かく分ければ五つ以上）の石器文化がきわめて良好な状態で発見された。とくに八区の発掘では、台形様石器一一点、スクレイパー三一点、チョッパー五点、ピック四点、刃部磨製石斧一点、尖頭状石器二点をはじめとして、三二八二点の石器類が、ニガシロ層の下の黄褐色粘質土層から出土した（図29）。

これらの石器類は東西約三〇メートル×南北約二五メートルの不整形の楕円形に分布していた。熊本県教育委員会が一九九九年に発行した文化財調査報告書『石の本遺跡群Ⅱ』のなかでは残念ながらブロックごとの区分けがされていないが、大雑把に見積もっても二〇カ所を下まわらない数のブロックに区分できる（図30）。

図28 ● 石の本遺跡群
「くまもと未来国体」秋季大会の主会場建設にともない発掘調査された。陸上競技場のところが「石の本８区下層石器文化」の位置。

驚かされるのは、これほどの数のブロックが一つの分布範囲に集まっていることだけではない。なんと、これらのブロック同士に直接的、間接的に接合資料の共有関係があり、同時とはいわないまでも、近い時期に存在したとみられているのである。

このように石の本八区下層は、石器類の出土点数といい、石器分布の広さといい、ブロックの数といい、沈目遺跡とはくらべものにもならないほどの大規模なものである。この規模こそ、沈目人が活きた時代の社会をさぐるヒントになる。

ムラの四つの類型

わたしはかつて、石器類の出土総点数やユニット・ブロックの数、集石や礫群をもとに九州における先土器時代の石器文化を四つに類型化し、先土器時代社会の移り変わりを考えたことがあった。四つの類型はつぎのとおりである。

第Ⅰ類：数万点以上の石器類が集中的に出土する石器文化

第Ⅱ類：出土石器類が一〇〇〇点〜数千点で、楕円形や帯状に広範囲に分布する石器文化

第Ⅲ類：出土石器類が二〇〇点前後〜五〇〇点前後で、複数

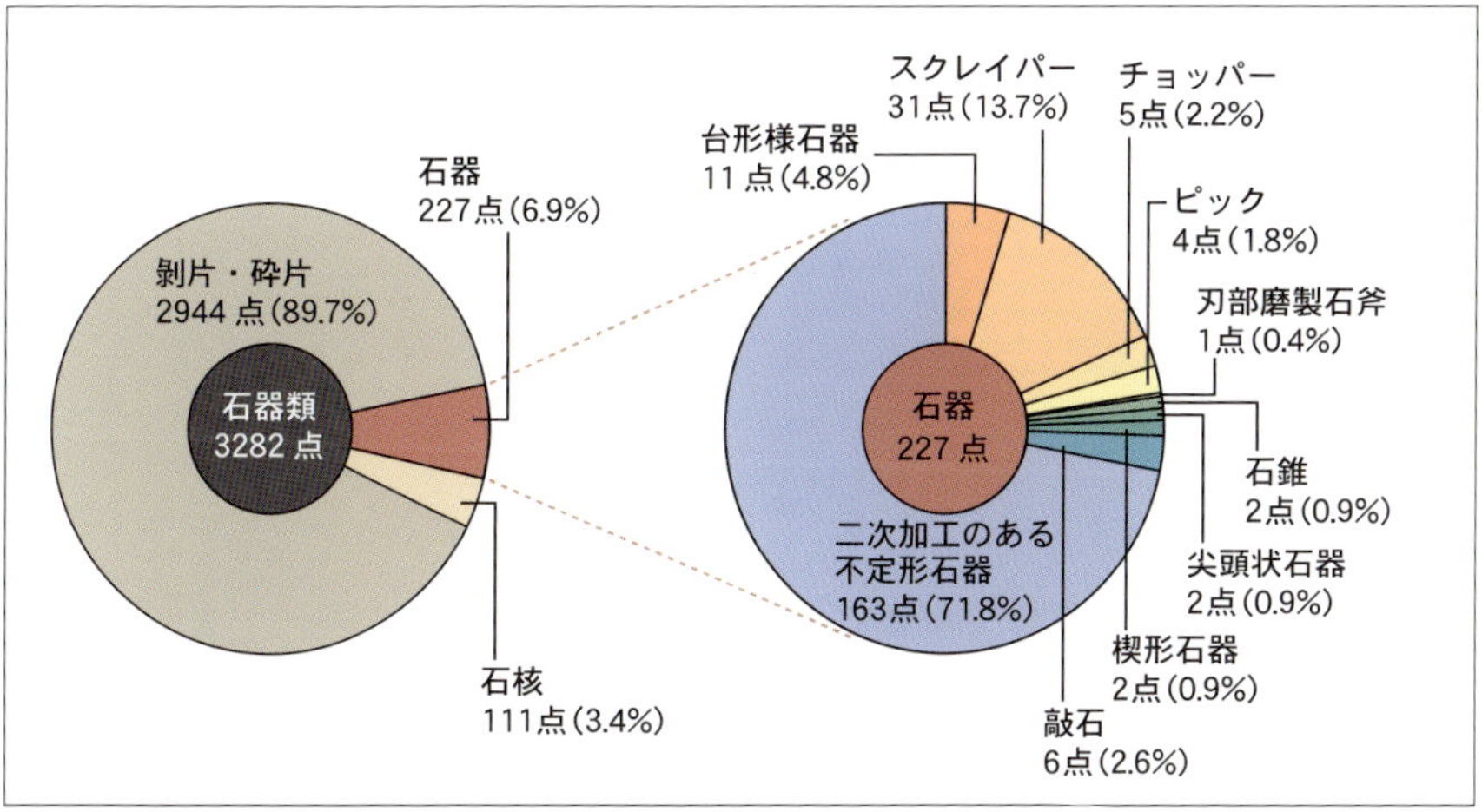

図29 ● 石の本遺跡群８区から出土した石器類の構成

のブロックが二つ三つのユニットを形成する中規模な石器文化

第Ⅳ類：出土石器類が数十点以下で、ブロックを形成していない小規模な石器文化

このなかで、沈目遺跡と同時期およびそれよりもやや下る時期には第Ⅰ類はみられず、第Ⅱ類〜第Ⅳ類までの三つの類型にまとめることができた（表3）。

各類型で、石器類全体に占める完成した石器の割合が注目される。

沈目遺跡周辺で同時代の遺跡を調べてみよう。そうすると、第Ⅱ類に入る遺跡では、石の本八区下層で六・九パーセント、曲野で三・三パーセントと低い。これに対して第Ⅲ類では、石の本五五区下層第一で一一・九パーセント、沈目で一

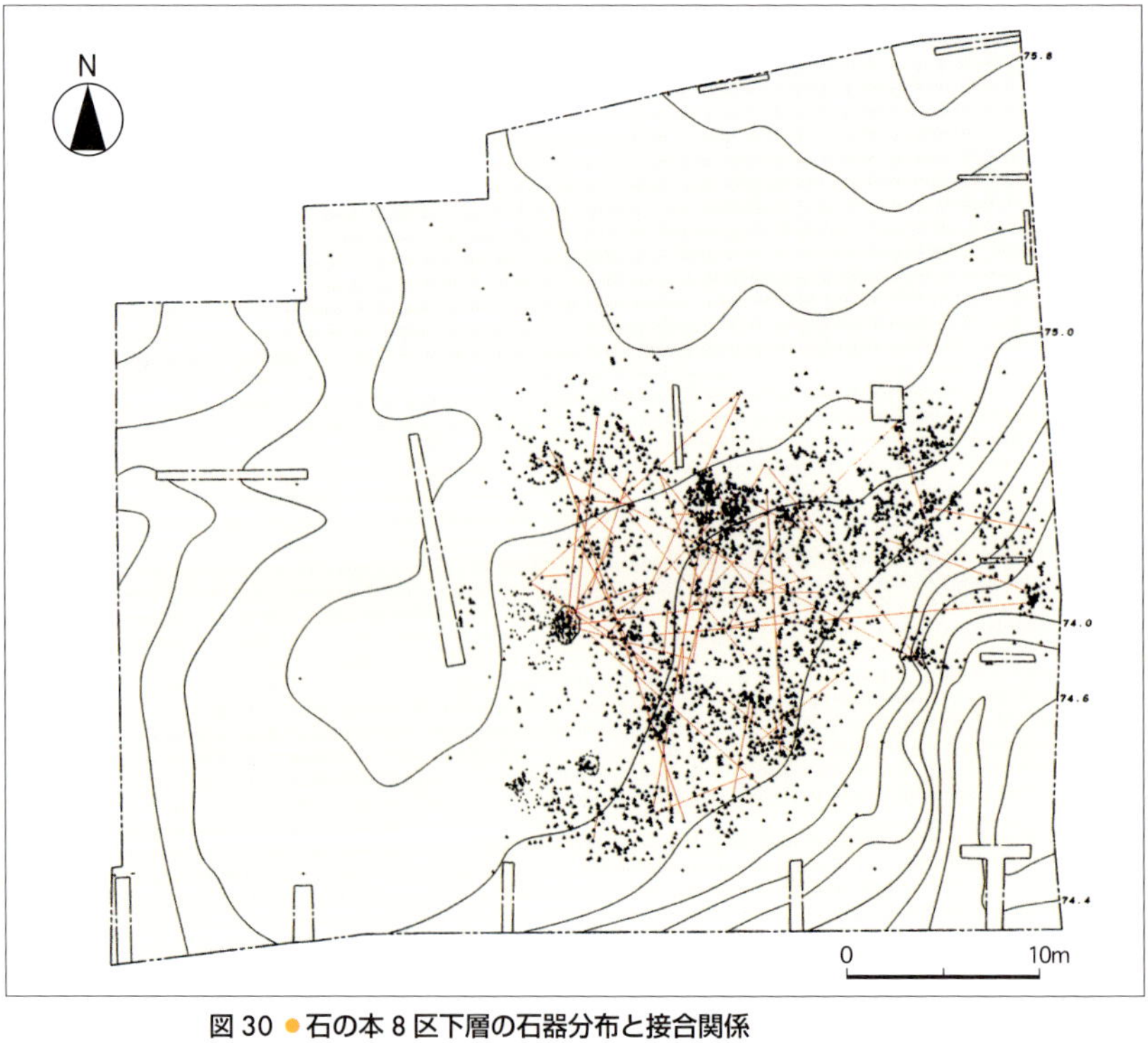

図30 ● 石の本8区下層の石器分布と接合関係
石器類の分布は東西約30m× 南北約25mの不整形の楕円形をしている。20カ所を下まわらない数のブロックが近い時期に残されたらしい。

一・五パーセント、牟礼越Ⅰで八パーセント、崎瀬第四で九・一パーセントといくぶん高くなっている。第Ⅳ類では、横峯CⅠ石器文化で石器が一〇〇パーセントで、立切で七九パーセント、音明寺第二Ⅰで六一・八パーセント、岩戸二Ⅱで二〇パーセント、牟田の原Ⅰが一六・七パーセントとさらに高率になっている。

すなわち、石器類の点数が多く完成品の少ない第Ⅱ類では石器づくりが盛んにおこなわれていたとみられ、第Ⅲ類ではいくぶんその割合が低く、第Ⅳ類では点数も少なく完成品ばかりを持ち込むことが多かったとみることができる。そこに何か先土器時代の社会の仕組みをうかがうヒントがありそうだ。

単位集団の基本的ムラであった沈目ムラ

列島始原の人類が生きた先土器時代には、単位集団を基本としたごく単純な社会を想定して差し支えないだろう。そういう意味で、コンパクトな規模の

	類型	石器文化名	県	出土量				礫群	集石A	集石B	地床炉	分布形状・ブロック構成等
				石器類	石器	%						
九州第Ⅰ期	Ⅱ	石の本８区下層	熊本	3282	227	6.9		○	1			円形分布：直径約 20 m
		曲野	熊本	696	23	3.3		○				帯状分布：100<m×30<m
	Ⅲ	沈目	熊本	373	43	11.5		○				2 ユニット(3 ブロック、2 ブロックによる)
		牟礼越Ⅰ	大分	286	23	8.0		○				2 ユニット
		崎瀬第４	長崎	252	23	9.1						2 ユニット(5、3、1 ブロックによる)
		石の本 55 区下層第１	熊本	151	18	11.9						散在
	Ⅳ	立切	鹿児島	62	49	79.0			1		14	散在
		高野原第５Ⅰ	宮崎	37	3	8.1						散在
		音明寺第２Ⅰ	宮崎	34	21	61.8		1				散在
		岩戸２Ⅱ	大分	30	6	20.0						散在
		牟田の原Ⅰ	長崎	30	5	16.7						散在
		岩戸１Ⅲ	大分	18	0	0.0						散在
		横峯CⅠ	鹿児島	1	1	100		○		2		散在

表３ ● 九州第Ⅰ期の石器文化類型
沈目は第Ⅲ類に、石の本８区下層や曲野は第Ⅱ類に分類できる。

第Ⅲ類の石器文化が単位集団のムラの常態であった蓋然性は高い。つまり、独立性と親近性をあわせもった二つの単位集団が集まり生活していた沈目からは、複数の単位集団が親近感をもって集合したり、あるいは独立して離散したりしながら種々の活動をくり広げていた、そんな社会の仕組みがみえてくるのである。

一方、第Ⅱ類の石器文化は、環状ブロック群のように、ブロックが環状に整然と配置されていたわけではなかった。環状ブロック群の解釈で一般的な、多くの単位集団を束ねた部族的な大集団が集結した「環状のムラ」の跡（図31）であった可能性は低い。

少なくとも二つ三つの単位集団が周期的にいく度となく回帰し長期間滞在していた、いわば第Ⅲ類を残した単位集団の根拠地、長期逗留地であったのかもしれない。そこでは石器類に占める石器の割合の低さが示すように、石器づくりに集中していた場面もあっただろう。

第Ⅳ類の石器文化は散在してまとまりのない石器分布である。他の類型の石器文化とくらべ石器が保有される傾向が高く、その保有率にも一〇〇〜一〇パーセント弱という極端なばらつ

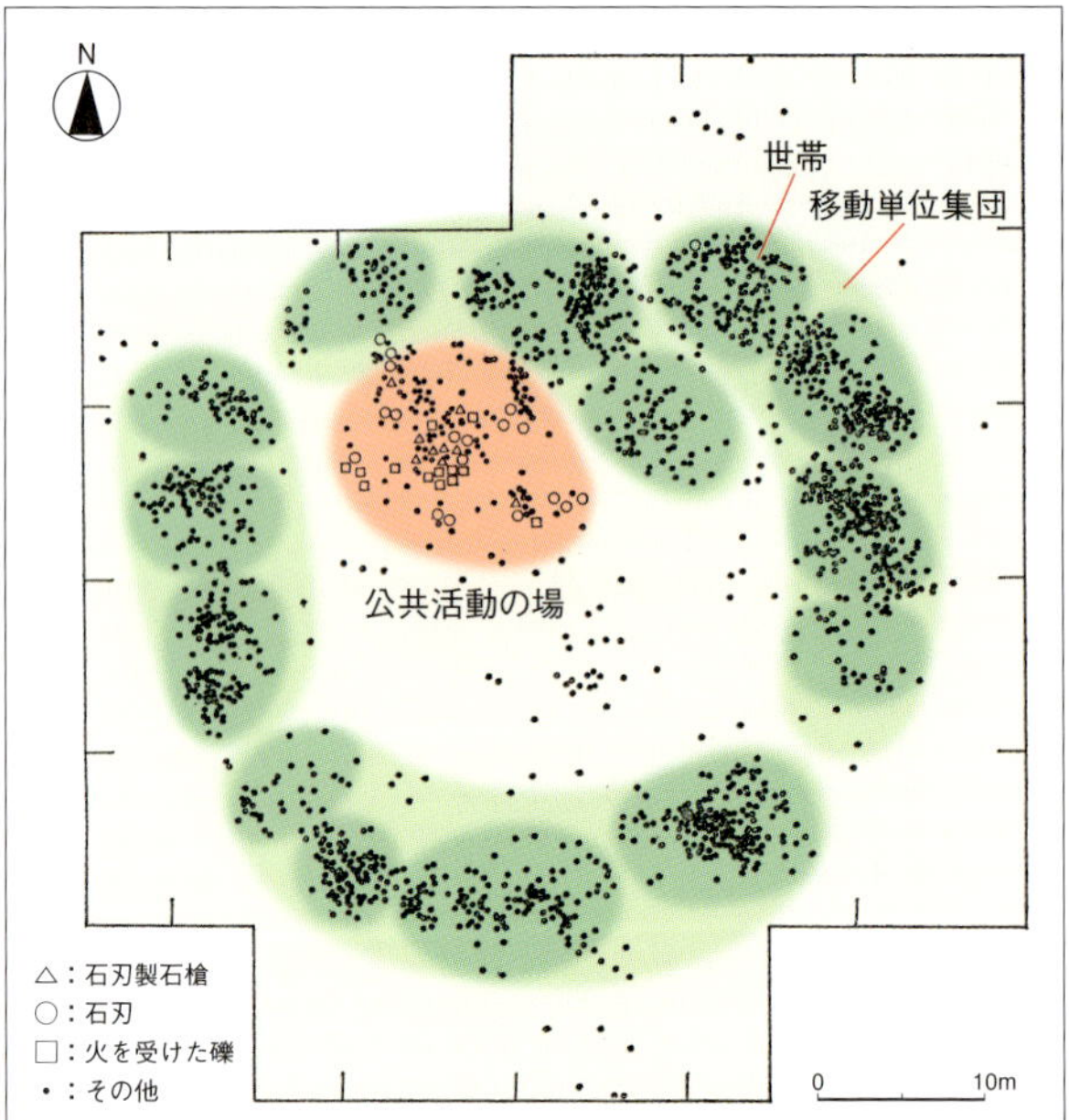

図31 ● 環状のムラ（群馬県下触牛伏遺跡）
多くの単位集団を束ねた部族的な大集団が集結したものと考えられている。

きがあった。このことから、第Ⅲ類とは別の性格が想定できる。単位集団のなかから出張った少人数のグループが小規模な狩猟や漁労、採集などの個別活動をおこなった短期逗留地であった、と解釈できる。

3　石器石材を求めて

先土器時代研究と石器石材

先土器時代のムラは、沈目のムラにせよ環状のムラにせよ、それらは固定した定住地ではなかった。先土器時代はいまだ定住をしない狩猟採集社会の時代であった。人びとは移動しながら動物を狩り、植物を採集して生活していたのである。

だからといって、それはあてのない放浪生活に終始していたわけではなかった。計画的に、石器をつくるための石を確保し、狩猟・採集をしていたはずである。そんな活き活きした沈目人の移動生活を探求する素材は、やはり石器とその石材である。

前章でみたように、石器石材は、先土器時代人にとって自分たちの生活を保障してくれた貴重な資源であった。ただし、石であれば何でもよかったわけではない。刺す、切る、削る、彫る石器には、硬くて鋭利な刃がつくれることが重要である。ただし、硬ければ硬いほどよいというものでもないし、つくる途中で壊れてしまっては元も子もない。そのために、適度な硬さや均質さ、滑らかさをもつ、扱いやすい石が材料に選ばれていた。珪酸《けいさん》を多く含んだガラス質の黒曜石《こくようせき》やサヌカイト、安山岩《あんざんがん》、チャートなどである。

そして、それらが近場にあれば好都合で盛んに利用した。しかし、黒曜石やサヌカイトのように、時に一〇〇キロメートルを超えるほど遠く離れた所で産出するものであっても、石器づくりに適しているのであれば、何らかの方法で入手し利用していたことがわかっている。

一方、たんに磨りつぶしたり、敲いたりする場合には、あまり硬さにこだわる必要はなかった。それよりも入手しやすさに重点がおかれていた。しかも、そうした石器は形を整えられることはほとんどなく、材料をそのまま利用することが多かった。そのために、先土器時代人たちは、近場で適当な大きさや形の岩石を選んでいたのだった。

先土器時代研究では、近場で採取できる石器石材を「在地産石材」とよび、遠く離れたところで産出する貴重な石器石材を「遠隔地産石材」とよんでいる。これらは、先土器時代人の活動範囲を直接的に教えてくれ、また活動拠点を具体的に示してくれる貴重な情報源である。

沈目人が選んだ石器石材

沈目人が石器石材に多く利用していたのは、輝緑凝灰岩《きりょくぎょうかいがん》とチャートであった（図32）。輝緑凝灰岩製が二八三点ともっとも多く、チャート製が六七点であった。

輝緑凝灰岩は、中生代《ちゅうせいだい》や古生代《こせいだい》の火山活動で海底にその噴出物が堆積して形成された、薄い緑色を帯びる岩石である。チャートは、放散虫《ほうさんちゅう》や海綿《かいめん》動物などの殻・骨が海底に堆積して形成された、赤色や緑色、灰色、黒色などを帯びる岩石である。いずれも緻密で硬い、ガラス質の岩石で、石器には最適な石材であった。

一方、沈目人は、安山岩、ガラス質溶結《ようけつ》凝灰岩、水晶《すいしょう》、花崗岩《かこうがん》、砂岩《さがん》などは少ししか利用していなかった。

安山岩は、暗灰色の火山岩で、活火山周辺にかぎらず、過去に火山活動が起きていた地域でも産出する岩石である。石器づくりに最適な緻密で硬い無斑晶質《むはんしょうしつ》から微晶質《びしょうしつ》までのもの、あまり適さないボロボロした多孔質《たこうしつ》のものと質的にも多様である。良質なものは沈目人も利用した。

ガラス質溶結凝灰岩は、火砕流《かさいりゅう》となって大量に噴き出た高温の火山灰が、堆積後にふたたび融解・接着（溶結）した溶結凝灰岩の一種で、そのなかでもさらに融解・接着の度合いが大きい凝灰岩である。多孔質の溶結凝灰岩のなかでは例外的に石器に適していたらしい。

水晶は、鉱物の一つである石英がさらに結晶度を高めたものである。石器の原材料として良質である

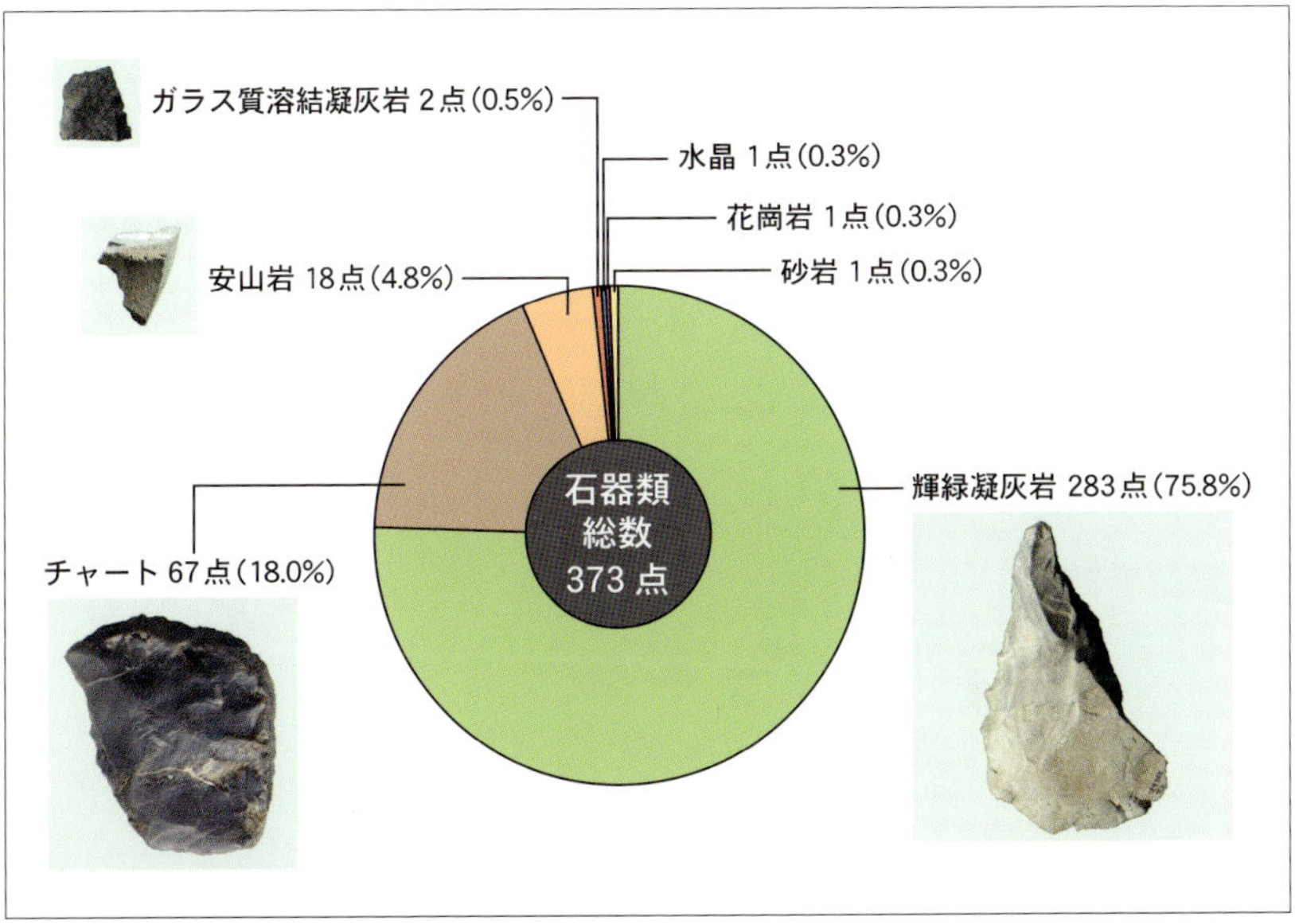

図32 ● **沈目人が選んだ石器石材**
沈目人は、輝緑凝灰岩とチャートを好んで使用し、安山岩やガラス質溶結凝灰岩、水晶、花崗岩、砂岩はあまり使用していなかった。

が、硬度七と硬い鉱物のためか他の石器石材にくらべ石器に利用される頻度はそう高くない。花崗岩は、火成岩の一種で、地下深部で形成された深成岩《しんせいがん》である。節理《せつり》が立方体状に走り、風化が著しく崩れやすいために、利器としての石器には適さない。

砂岩は、粘土などをつなぎとして砂同士が固結した岩石である。ガラス質でないために利器としての石器に適さないが、緻密、均質で適度な硬さをもった石質であるために、磨りつぶしたり、敲いたりする石器には利用されることが多い。

在地産石材

輝緑凝灰岩とチャートは、沈目遺跡の南側に広がる九州山地に産する岩石であった（図33）。九州山地を源流とする緑川の上流から下流までの河床や河原には、現在でもそうであるように、それらの円礫が転がっていたはずだ。可能なかぎり石器石材の採取場所を近場に求めた沈目人の行動は、とても合理的で効率的であった。

しかし、沈目人がそれらの礫を石器石材として採集しても、すぐに石器をつくれたわけではない。拾ってきた礫を適当な大きさに粗割りしたり、自然面をある程度とり除いたりする準備作業が必要だ。仮に沈目人がそれらの礫を採集して自分たちのムラに持ち込んでいたとしたら、どんなことになっていただろうか。おそらく、ムラには一連の準備作業で出たおびただしい量の剝片（石屑）が遺されたに違いない。

ところが、沈目遺跡から出土した輝緑凝灰岩の石器（二七点）、剝片・砕片（二二〇点）や、チャートの石器（一一点）、剥片・砕片（四七点）の表面をいくら観察しても、礫の自然面を残す剥片は数例しかみあたらなかった。これは石の粗割りや自然面のとり除きを自分たちのムラではおこなわず、別の場所でおこなっていたことの証拠である。そこがいったいどこなのかはわからないとしても、合理性や効率性を勘案するならば、石材の採集地であった可能性が高い。

沈目人が台石に利用していた花崗岩の岩脈は、山都《やまと》町矢部から竜《りゅう》峰《ほう》山《ざん》（五一七・二メートル）までのびている（宮原花崗岩）。途中、緑川を斜めに横切るため、緑川中流・下流の河床か河原での採

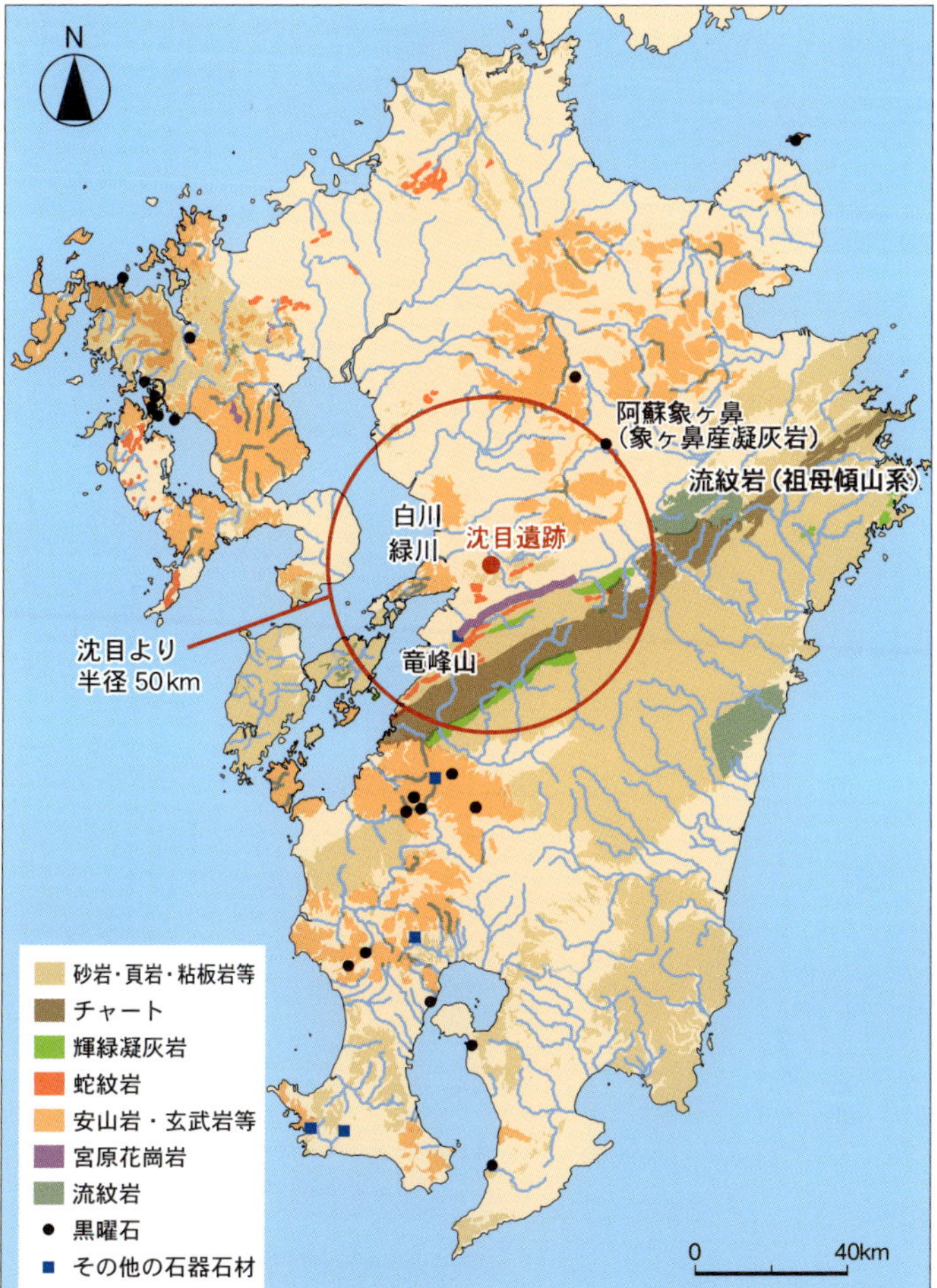

図33 ● 表層地質図からみた石器石材の産地
沈目人は、近場で輝緑凝灰岩とチャートを容易に採集できた。
とても恵まれた石材環境のなかで暮らしていたことになる。

取が可能となっている。また、台石に利用されていた砂岩は、九州山地で産するために、緑川の河床や河原で容易に採取できる。

遠隔地産石材

沈目遺跡には、いわゆる遠隔地産石材は存在しなかった。一番遠い所のものでも、五〇キロメートルほど離れた阿蘇象《ぞう》ヶ《が》鼻《はな》産ガラス質溶結凝灰岩（象ヶ鼻産凝灰岩）（図33）だけだった。

この石はかつて阿蘇産黒曜石とよばれていたが、二〇〇一年、小畑《おばた》弘己《ひろき》、岡本《おかもと》真也《しんや》、古森《ふるもり》政《せい》次《じ》、渡辺《わたなべ》一徳《かずのり》、田口《たぐち》清行《きよゆき》により、産状が阿蘇町（現・阿蘇市阿蘇町）の象ヶ鼻で確認され、正式にこう命名された。中九州東部から西部にかけての限られた範囲で利用されていた在地産石材としてとり扱うことが適当だが、沈目でのきわめて低調な利用頻度は、直線距離五〇キロメートルという遠隔性が背景にあったとも考えられる。その意味で遠隔地産石材に準じるとり扱いをしても差し支えない。つまり、沈目人の活動範囲をうかがわせてくれる資料なのである。

このほかに、わずかに出土する石器石材に安山岩と水晶がある。安山岩は宇土半島基部や阿蘇周辺などでも産出する岩石であるが、現時点で具体的な産地の特定は難しい。石器二点、石核一点、剝片・砕片一五点と、たしかに沈目人が剝片生産から石器製作までを沈目遺跡でおこなっていたようであるが、その出土点数は輝緑凝灰岩やチャートとは比較にならない。遠隔地産石材とはいわないまでも、象ヶ鼻産凝灰岩と同じように、その遠隔性が背景となっていた可能性が高い。

4　沈目人の移動経路と活動領域

沈目人の移動経路

つぎに、石の本八区下層の石器石材の利用状況をみてみよう。

この石器石材の利用状況は、じつに興味深い。多孔質の安山岩が石器石材全体三二八二点中の三一九二点、九七・三パーセントを占める。それに対して、象ヶ鼻産凝灰岩が三二八二点中五点、〇・二パーセントときわめて低い。

多孔質の安山岩について、発掘を担当した池田朋生《いけだともお》（熊本県教育庁文化課・当時）は、遺跡が立地する託麻《たくま》台地の託麻礫層に含まれているとし、山際に露出した礫層から転落してきた手ごろな礫を石器石材に利用していたのではないか、と考えた。

石の本八区下層で生活していた人びとは、石器石材のほとんどを在地産石材でまかなっていたことになり、近くでたくさん採れる輝緑凝灰岩を石器石材に利用していた沈目人と共通する。また、象ヶ鼻産凝灰岩の利用率がきわめて低いことも、石の本八区下層（象ヶ鼻との距離三五キロメートル）と沈目（象ヶ鼻との距離五〇キロメートル）とでは共通する。さらに、石の本八区下層では、沈目遺跡の近くを流れる緑川の河床か河原で採取できるチャートを石器石材にした剝片が二点出土している。ここに沈目人の移動生活が垣間見えてくるのだ。

沈目人は、象ヶ鼻産凝灰岩の産地近くに行った後に、沈目遺跡を訪れて輝緑凝灰岩やチャートで石器づくりをおこなっていた。また、象ヶ鼻産凝灰岩製やチャート製の剝片などを携帯して石の本遺跡群八区のような遺跡を訪れ、在地の多孔質の安山岩を使っての石器づくりをおこなっていた。また、その経路のなかに良質な安山岩・石英の産地、数種類の黒曜石の産地が含まれているはずで、その移動経路はさらに複雑で広範囲にわたっていたに違いない。

沈目人の活動領域

沈目人の移動領域を想定するために、沈目遺跡を中心に象ヶ鼻遺跡群までの直線距離を半径（五〇キロメートル）に円を描いてみた（図34）。すると、現在の阿蘇北外輪山から熊本平野、有明海、そして島原半島の東側斜面までを含んでいることがわかった。また、石の本遺跡群を中心に象ヶ鼻遺跡群までの直線距離を半径（三五キロメートル）に円を描いてみた。すると、石の本遺跡群を中心とした円が沈目遺跡を中心とした円にほぼ含まれることがわかった。

図 34 ● 沈目人の移動領域
沈目遺跡から象ヶ鼻遺跡群までの半径 50km の円の範囲に、石の本遺跡群から象ヶ鼻遺跡群までの半径 35km の円の範囲が含まれる。阿蘇北外輪山から島原半島の東側斜面までが沈目人の移動領域であったと想定できる。

沈目人の移動経路に石の本遺跡群八区のような遺跡が含まれていたとしても、沈目遺跡を中心とした円内に収まっているわけだ。現在の阿蘇北外輪山から島原半島の東側斜面までの域内が沈目人の移動領域であった、と想定できるだろう。

ところで、先土器時代の舞台となった氷河期には、地上に降り積もった雪の多くがそのまま氷となって大地にとどまり、その結果、その分の海水量が減って海面が低下した、と考えられている。当然浅い海底は陸地になり、海岸線はより沖合に退くことになった。海退《かいたい》とよばれる現象だ。たとえば、いまから二万年前の最終氷期最寒冷期には、気温は平均で現在より七度も低く、海水面は一〇〇メートル以上も低下した、と見積もられている（図35）。

沈目人が活躍した三万年前を超えるころでも、三度ほど低かったことが推測されており、それから推しても海面が五〇メートル近く低下していた、と見積もることができる。最深部で水深五〇メートルの有明海や、平均水深が五〇メートルの不知火海は、そのときどきの海退の度合で海岸線の湾入も想定できるとはいえ、先土器時代を通じてほとんどの部分が陸化していた可

図35 ● 最寒冷期、2万年前の日本列島とその周辺
気温が現在より7度も低く、海水面が100m以上も低下した2万年前の最終氷期最寒冷期には、九州周辺の海のかなりの広い範囲が陸化していたと考えられる。

能性が高い。

　沈目人の移動領域があったと想定した地域は、阿蘇カルデラとそれをとりかこむ阿蘇外輪山が東に控え、順次、西に行くにしたがって標高を下げて現在の熊本平野、さらに標高を上げた金峰山塊《きんぽうざんかい》を経て有明海へとつながり、さらにその西の島原半島へと標高を上げる、といったとても起伏に富んだ地形である（図36）。この地形的展開は、先土器時代でも基本的に変化はなかったはずであるが、有明海部分は陸化し、熊本大学の小畑弘己が有明低地とよんだ陸地になっていた、と想像できる。その間の高低差は、約一〇〇〇メートルもあった。そこには相当の気温差があったはずだ。

沈目人が暮らしていた当時の気温を今日の気温データに照らしてみれば、阿蘇山（一一四二・三メートル）における一一月から四月までの平均気温は、四度前後から氷点下五度近くであった、と推計できる。つまり、冬場に阿蘇に分け入ることは、過酷な環境の下での活動を覚悟する必要があり、それは沈目人にとっても得策でなかったはずだ。やはり、小畑も想定するように、阿蘇での活動は夏場に限ったもので、それ以外は熊本平野や有明低地での活動が中心であった可能性が高い（図36・37）。

　阿蘇北外輪山から島原東側斜面までを含んだ地域に沈目人が暮らしていたとはいえ、その周回移動の中心は、熊本平野から有明低地にかけての範囲で

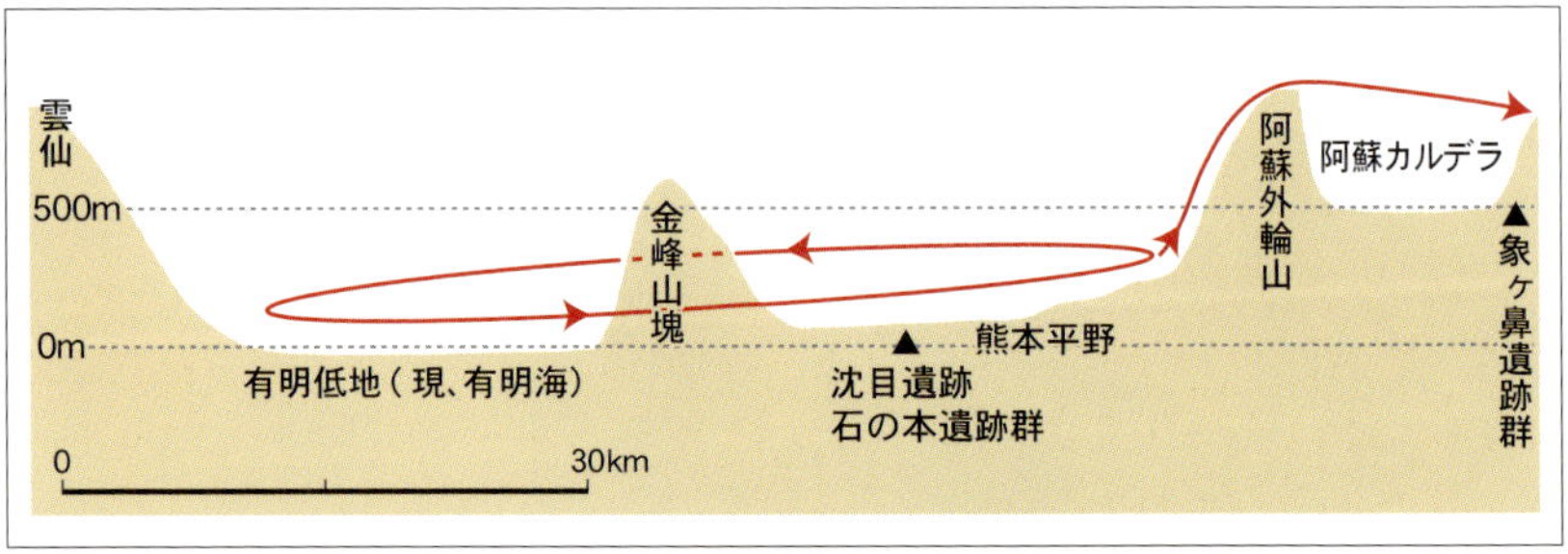

図36 ● 沈目人が活動した領域の高低差
阿蘇での活動は夏場に限ったもの。活動の中心は熊本平野や有明低地の範囲であった。

あった。沈目人は、冬場を除く一年の大半をそのなかで過ごし、複数の単位集団が集合したり、単位集団ごと、またはさらに細かい単位で離散したりしながら、周回移動をくり返していたものと想像できる。

その基点は、単位集団が周期的にいく度となく回帰し、長期にわたって滞在した石の本遺跡群八区のような遺跡であったり、複数の単位集団が一時的に共同で暮らした沈目遺跡であったりしたのではなかったか。移動先では、その近辺で採れる石材を盛んに利用した石器づくりがおこなわれていた。たとえば、石の本遺跡群八区周辺では多孔質の安山岩が、沈目遺跡では輝緑凝灰岩やチャートが、未発見の遺跡では良質な安山岩などが、といった具合である。そして、それぞれの箇所で、狩猟や採集などを生業とする営みが続けられていた。

一方で、阿蘇方面での活動は、夏場に限られていた。その目的は、そこに群れた動物をターゲットにした狩猟であり、採集であった。そこでは阿蘇象ヶ鼻で産出するガラス質溶結凝灰岩を使った石器づくりが盛んにおこなわれ、それほど大量ではなかったが、阿蘇の外へ運び出されていたのである。

図37 ●沈目人の活動舞台
中央は金峰山塊。沈目人は、現在の熊本平野と金峰山塊の背後に広がる有明低地（現在の有明海）をとり込んだ土地を舞台に活動していた。

第4章　最古の先土器時代を追って

1　世界の旧石器時代と日本列島

ヨーロッパの旧石器時代

ヨーロッパの旧石器時代は、前期（下部）旧石器時代、中期（中部）旧石器時代、後期（上部）旧石器時代の三つに区分されている。

前期旧石器時代は、二五〇万年前～二〇万年前のホモ・ハビリスやホモ・エレクトスとよばれる「原人《げんじん》」が礫器や握斧《あくふ》（ハンドアックス）をつくり、使った時代とされている。その文化は、原人の拡散にともなって、アフリカ大陸からヨーロッパ、東南アジア、東アジアまでのユーラシア大陸一帯に広がっていたらしい。北京原人はそのころの東アジアに住んでいた人類である。

中期旧石器時代は、はじまりの年代は定かでないが、おおむね二〇万年前～三・五万年前とされている。ホモ・ネアンデルターレンシスともよばれる「旧人《きゅうじん》」が担い手だった。ルバロワ技法という、はぎとった剥片から石器をつくる技術が広く認められる時代である。有名なネアンデルタール人はそのころヨーロッパに住んでいた人類である。その文化は「ムスチェ文化」とよばれ、シベリアのアルタイ山地にまでその広がりが確認されている。

後期旧石器時代は、三・五万年前〜一万年前、ホモ・サピエンスともよばれる、わたしたち現代人と同じ「新人《しんじん》」がその担い手の時代である。同じ規格の縦長剥片を連続的に生産した刃器技法を駆使した、それまでとは打って変わって高度化した石器づくりが広く認められる時代である。

東アジアの旧石器時代

これまでのところ東アジアでは、右の「前期旧石器時代→中期旧石器時代→後期旧石器時代」という変遷モデルを適用できそうにないという意見が考古学界の大半の認識となっている。それは、東アジアへムスチェ文化が及んでいなかったという理由による。たとえば藤本強は、中国および東アジア、東南アジア一帯では前期旧石器文化前半に世界的に認められる様相がほぼそのままの形で継続するとしている。すなわち原人の文化のままだったということになる。

しかし、ヨーロッパで中期旧石器時代が展開していたころ、東アジア、東南アジアではいまだ原人が担い手の前期旧石器時代が継続していた、という見方には少なからず違和感を覚える。たしかにムスチェ文化は東アジアには及んでいなかったようである。しかし、中国の許家窰《きょかよう》遺跡（図38）や周口店《しゅうこうてん》遺跡群、韓国の竹内里《ちくないり》遺跡（図39）など、ムスチェ文化と同じ年代の遺跡が東アジアでもみつかっている。ムスチェ文化とは異なった、しかし原人ではない、より進化した人類の文化が存在していた可能性が高いのである。

では、日本列島はどうだったのだろうか。

これまでのところ三・五万年前を超える年代だ、と何人も疑いをさしはさまない遺跡は日本列島でみつかっていない。つまり、東アジアで展開していた中期旧石器時代の波及を積極的に指し示す証拠はどこにもみあたらない。そうはいっても、その年代に近い先土器時代の遺跡が日本列島の各地で発見されている。そうした遺跡を残した人類はどこから来たのか、それが列島内なのか列島外なのかがいま問われているのである。

図38 ● 許家窰遺跡
中国を代表する中期旧石器時代（サイの歯の測定年代は12.5～10.4万年前）の遺跡。山西省陽高県許家窰村梨益溝にある。9点の古人類化石片（許家窰人）と多量の球形石器のほか、削器・錐などの小型剥片石器が出土している。

先土器時代という時代呼称

日本考古学界ではかつて、縄文時代以前の時代呼称として、先土器時代、無土器《むどき》時代、旧石器時代、岩宿《いわじゅく》時代など、さまざまな時代名が使用されていた。なかでも先土器時代は三〇年近く前まではもっとも一般的な呼び名であった。それが旧石器時代にほぼ統一されるようになったのは、第1章でも述べたように、宮城県座散乱木遺跡の発掘で「前期旧石器存否論争」に終止符が打たれたとされた一九八一年以降のことだった。

この先土器時代という時代名は、一九六三年に、杉原荘介《すぎはらそうすけ》が『考古学集刊』の「会報」のなかで提唱したものである。杉原はそのなかで「日本における縄文時代以前の土器を持たない石器文化は、また同時に大陸の旧・中石器時代的様相を暗示しようというのであるから、先土器時代という名称をこそ用いるべき」と述べた。さらに一九六

図 39 ● 竹内里遺跡と第 1 文化層出土石器
韓国の中期～後期旧石器時代の遺跡（上）。全羅南道順天市黄田竹内里田にある。中期旧石器時代は、6.5 万年前以前と推定される第 1 文化層、6 ～ 3 万年前と推定される第 2 文化層がある。第 1 文化層では握斧・礫器のほか、鋸歯状削器・大型の削器・抉入石器・揉錐器などの石器（下）が出土し、沈目との関連資料として注目される。

五年には、その理由を『日本の考古学I　先土器時代』のなかでつぎのように述べている。「日本における縄文時代以前の研究が発足して、まだ日は浅い。それが、どの石器文化までは中石器時代、どの石器文化からは旧石器時代というような、すでに名目のみとなって、考古学の本質からはなれた論争に、われわれの研究をひきこみたくはない」と。

近年、まだまだ議論の途上にあるとはいっても、縄文時代のはじまりの年代が暦年代《れきねんだい》に補正する放射性炭素年代測定法によって一万六五〇〇年前ともいわれるようになっている。その年代は大陸の後期旧石器時代の年代幅に奥深く突入しているほどだ。

「岩宿時代」という時代名を実質的に使用する戸沢充則や鈴木忠司の考えも含めて、杉原の考えがあらためてみなおされるべきではなかろうか。だからこそ、坂詰秀一《さかづめひでいち》が一九九〇年に語った「この「先土器時代」は忘れられようとしているが、杉原の先土器時代提唱の精神は永久に忘れられてはならないであろう」という言葉は新鮮なのである。そういうことで、わたしはいまでも先土器時代という時代名を使っている。

2　性急な追究と着実な研究

列島始原の人類に迫る追究のはじまり

在野の青年考古学者であった相沢忠洋《あいざわただひろ》が、群馬県新田郡《にったぐん》笠懸村《かさがけむら》（現・みどり市笠懸町）岩宿の町道の切通しで、むきだしになった赤土（関東ローム層）から石片をみつけたのは、戦後間もない一九四六年ごろのことであった。「岩宿」の発見である。そして一九四九年には、明らかに人工品とわかる石器（槍先形尖頭器）を引き抜き、その年の八月初旬、当時明治大学の大学院生であった芹沢長介《せりざわちょうすけ》にそのことを告げた。

相沢はそれまで採集してきた石器を芹沢長介に見せつつ、その出土層の情報を教えたのだ。このことが、日本列島ではじめての先土器時代遺跡の発掘につながったわけで、考古学史上に残るドラマが動き出した瞬間である。芹沢はすぐに当時、明治大学助教授で、静岡県の登呂《とろ》遺跡で発掘調査をしていた杉原荘介にその情報を書き送った。その重要性に気づいた杉原は、九月はじめに東京にとって帰り、その勢いで九月一一日には岩宿の切通しの崖の前にいた。

「ハックツセイコウ　タダナミダノミ」

これは杉原が明治大学考古学研究室に送った電文である。杉原ら明治大学考古学研究室が縄文時代をさかのぼる時代、先土器時代の発掘に成功した時の逸話は、まさに衝撃的であり、感動的ですらある。

着実に進んだ先土器時代の研究

そして一九五一年、東京都の茂呂《もろ》遺跡が発掘された。出土したナイフ形石器から南関東における先土器時代の典型的な石器として「茂呂型ナイフ形石器」という名称が生まれた。その後、茂呂遺跡の発掘が契機となって数多くの遺跡が発見され、重要遺跡の発掘や斬新な研究手法の提示などが続々と進み、南関東は先土器時代研究のオピニオンリーダー的な地方に成長していくことになった。

一方、中部地方では、一九五二年に長野県の茶臼山《ちゃうすやま》遺跡が発掘された。ここに遺跡の発見の機運が北関東や南関東以外に広がった。茶臼山遺跡の発掘は先土器時代研究の全国的展開のきっかけをつくった象徴的な発掘となった。香川県の井島《いしま》遺跡、北海道の樽岸《たるきし》遺跡、岡山県の鷲羽山《わしゅうざん》遺跡、新潟県の貝坂《かいさか》遺跡、大阪府の国府《こう》遺跡、山形県の越中山《えっちゅうやま》A遺跡と、先土器時代遺跡が全国的に発見・発掘されていった。これらの遺跡は先土器時代研究の礎を築いた。まさに胎動期、揺籃期の様態を呈していた。

その一方、「日本列島最古の遺跡はどこまでさかのぼるのか?」をテーマに、さらに古い時代への探求が九州の地で始まる。

性急だった九州での最古への追究

一九六二年三月、大分大学の富来隆《とみきたかし》と共同通信社の中村俊一《なかむらしゅんいち》が丹生《にう》遺跡で発見した、いままでの石器よりも「さらに古い時代に属するのではないか」と考えた石器が、鳥取医科大学の金関丈夫《かなせきたけお》や農林省(当時)水産講習所の国分直一《こくぶなおいち》らの目にとまった。

この情報はすぐさま東京大学の山内清男《やまのうちすがお》や大阪市立大学の角田文衛《つのだぶんえい》の耳に届くところとなった。山内はとり急ぎ佐藤達夫《さとうたつお》・小林達雄《こばやしたつお》を派遣し、角田は直接乗り込んで、それぞれに発掘を挙行した。続く四月には、早くも日本考古学協会第二八回総会で別々に発掘成果が発表された。異なるグループが同じ遺跡を同じ年に発掘し、その成果を同じ学会の席上で別々に発表する、という異常な事態に至ったのである。

その時のことは、藤森栄一が『旧石器の狩人』のなかに臨場感あふれる表現で述懐しているし、鈴木忠司が発掘報告書『大分県丹生遺跡群の研究』のなかでとり上げている。まさに壮絶なまでの、鈴木曰く「先陣争いの様相を呈し、波乱含みの状況」であったらしい。

しかし、その後、山内が提案した発掘のための特別委員会の設置は実現しなかった。丹生資料に関しては、芹沢長介が「旧石器時代前期のチョパー、チョピングトゥールとは全く異質」と当時を述懐したように、その成果に疑義をさしはさむ考古学者も少なくなかったからである。

丹生遺跡発掘から二年後の一九六四年二月、大分県教育委員会が早水台《そうずだい》遺跡の発掘（第三次）を実施した。調査に参加した芹沢は、安山岩角礫《かくれき》層（第五層）やその下の第六層から発見された石英脈岩製の石器に注目した。それらの層がリス・ヴュルム間氷期（一三万年前〜七万年前）かそれ以前の地層に相当すると考え、中国の周口店第一（図40）・一三地点に類似する、つまり前期旧石器と評価したのであった。

その後、三月、先の丹生遺跡発掘の当事

図40 ● 周口店遺跡群第1地点
周口店遺跡群第1地点（猿人洞）は北京原人の化石が発掘された場所である。また石英脈岩製や水晶製の小型剥片石器が多数出土した。前期旧石器時代の代表的遺跡である。

者の一人であった角田が早水台遺跡を発掘した（第四次）。角田の所見は、石器が出土した層は再堆積の地層で、石器の年代推定は不可能というものだった。東アジアから東南アジアにかけての前期旧石器によく似ていると評価した芹沢とは明確な見解の相違で、この問題の微妙さ、深刻さを印象づけることとなった。

九州での先土器時代研究の進展

こうした前期旧石器であるか否かを問う丹生論争が考古学界をにぎわせていた一方で、九州でも先土器時代研究が静かに、着実に、そして本格的に始まっていた。それは先土器時代の議論の成熟をへないままに一足飛びに学界の表舞台に躍り出てしまった「丹生」や「早水台」とは明らかに異質な動きであった。

一九五九年、日本考古学協会は、大陸交流の窓口たる「西北九州地方における縄文時代以前（先土器時代）の石器文化の発掘……を共同調査する」ための西北九州総合調査特別委員会（委員長杉原荘介）を設置した。そして、このプロジェクトにより、一九六〇年に佐賀県の茶《ちゃ》園原《えんばる》遺跡、三年山《さんねんやま》遺跡、長崎県の福井洞穴、直谷《なおや》岩陰《いわかげ》、一九六一年に佐賀県の平沢良《ひらぞうら》遺跡、鈴《すず》桶《おけ》遺跡、長崎県の遠目《とおめ》遺跡が発掘された。また、洞穴調査特別委員会（委員長八幡一郎《やわたいちろう》）が「縄文文化の起源、日本石器文化の起源などの諸問題をとくため」に一九六二年に設置され、その翌々年の六四年に、福井洞穴が再度発掘された。さらに、和島誠一《わじませいいち》と麻生優《あそうまさる》は一九六三年と六五年に長崎県の百花台《ひゃっかだい》遺跡を、芹沢が一九六七年に大分県の岩戸《いわと》遺跡を、戸沢が一九六八年に佐賀県の原《はる》遺跡をつぎつぎに発掘していった。

それらの成果をコンパクトにまとめてみると、こうなる。茶園原遺跡・三年山遺跡は、大型の槍先形尖頭器の生産遺跡であったことが明らかになった。福井洞穴では、日本列島最古の隆《りゅう》起線文《きせんもん》土器が放射性炭素年代測定法で一・三〜一・二万年前と測定され、当時「世界最古の土器」と話題になった。百花台遺跡では、ナイフ形石器、台形石器、細石器が地層を違えて発掘され、「ナイフ形石器→台形石器→細石器」という編年的な移り変わりが明らかになった。また岩戸遺跡では、地層が厚く堆積し、三つの文化層が確認されるとともに、約二万年前のものと推定される「コケシ形岩偶《がんぐう》」が発掘され、話題を集めた。原遺跡では、ナイフ形石器と細石器の共伴がとりざたされ、ナイフ形石器文化から細石器文化への編年的な移り変わりの考え方に一石を投じた。

地元研究者の奮闘とATの発見

こうした動きに、地元九州の考古学界も敏感に反応した。そのなかで中心的に動いたのが鹿児島県の池水寛治《いけみずかんじ》や大分県の橘昌信《たちばなまさのぶ》、長崎県の下川達彌《しもかわたつや》、萩原博文《はぎわらひろふみ》ら若手研究者であった。彼らは一九六〇年代後半から七〇年代にかけて、みずからのフィールドに立脚した調査研究活動を展開していった。

おもな遺跡は、熊本県の大峯《おおみね》遺跡（一九六四年、発掘初年・以下同）、鹿児島県の上場《うわば》遺跡（一九六六年）、宮崎県の岩土原《いわつちばる》遺跡（一九六八年）、宮崎県の船野《ふなの》遺跡（一九七〇年）、長崎県の日ノ岳《ひのたけ》遺跡（一九七三年）、中山《なかやま》遺跡（一九七六年）などであった。

上場遺跡では、ナイフ形石器の層よりも古い文化層が確認されたり、ナイフ形石器→細石器という移り変わりが確認されたりして注目された。船野遺跡では、小型のナイフ形石器と細石器が共伴する石器文化として注目を集めた。日ノ岳遺跡では、ナイフ形石器と台形石器の関係がとりざたされ、九州ナイフ形石器文化の移り変わりのなかに、「日ノ岳型台形石器」と「枝去木《えざるぎ》型台形様石器」が位置づけられる成果が得られた。中山遺跡では、多様なナイフ形石器の組み合わせの石器文化が確認され、九州ナイフ形石器文化の変遷をたどるうえで貴重な情報と評価された。

このように、最古の遺跡の探求は、中央の考古学者から地方の考古学者へと確実に受け継がれ、着実に地方に根ざしたものになっていった。

そして一九七五年、九州から東北にかけて分布する広域火山灰の一つ、ATが発見された。この発見は第1章で述べたように、日本列島各地の時間軸を地理的に横断する基準を提供し、石器文化どうしの広域な比較を可能にした点で、先土器時代研究での画期的な出来事であった。

図 41 ● 狸谷遺跡
熊本県球磨郡山江村にある先土器時代遺跡。ATをはさんで上下から出土した先土器時代の石器類は、九州ナイフ形石器文化の編年的基準の一つとなっている。

またAT下位の石器文化を特定したり、年代を推測するのに、とても都合のよい基準となっていった。一九七〇年代末の岩戸遺跡、下城《しもんじょう》遺跡（熊本県）、一九八〇年代の曲野遺跡、狸谷《たぬきだに》遺跡（熊本県、図41）など、一九九〇年代の牟礼越《むれんこし》遺跡（大分県）、後牟田《うしろむた》遺跡（宮崎県）、石の本遺跡群などなど、AT下位の石器文化がぞくぞくと発掘されていったのもこうした背景があったからだ。

また、それら九州におけるAT下位の石器文化と、南関東の立川ローム層下半部の石器文化との比較も現実的になった。

前期旧石器存否論争と旧石器捏造事件の衝撃

こうした先土器時代の調査研究の充実の一方で、前期旧石器存否論争は、存否論争という名称が象徴するように、その内容が議論されたというよりも、対象となった石器の真贋が議論されたものだった。そのため往々にして水掛け論におちいりがちとなり、当初こそ石器の認定基準、使用痕などのテーマが俎上に乗せられて活況を呈していたものの、しだいに議論は低調になっていった。

それが一九八一年に座散乱木遺跡で、何人も疑いようのない石器が、ナイフ形石器文化の層よりも下の層でみつかったのだ。この「前期旧石器」の発見で、丹生論争以来二〇年間つづけられてきた前期旧石器存否論争にピリオドが打たれることとなったのだが……。

先土器時代研究が三〇年という長きにわたって培ってきた成果を踏まえたものだとすれば、

いわば先土器時代研究の成熟と前期旧石器探求者の執念の調和とも評することができたはずだった。しかしながら、それは調和とはほど遠いものだった。センセーショナルにくり返される最古年代の更新に踊らされてか、つぎつぎに集積されていった発掘成果の公表とはうらはらに、その詳細な検討は滞っていくことになった。

その数はじつに八都道県六〇カ所近くにも及ぶ。考古学界はもとより教育界、出版界、マスコミ界などなど、ありとあらゆるところでその「事実」は認知されていった。

そうしたなかで、九州でも前期旧石器の存在が話題になりはじめた。一九九四年、福岡県の辻田《つじた》遺跡群の石器が「礫器を中心とした東アジアの前期旧石器文化」に属するとして「九万年前から四万年前のどこかに位置づけられる」と提案されたのだ。同じ年、後牟田遺跡では、約四万年前〜三万年前に噴出したとされている霧島《きりしま》イワオコシ軽石層の下の層から「石器」とおぼしいものが発掘された。

九州の研究者は、刺激的なそんな提案や報道に耳を疑いつつも、その動向を凝視した。そして、つぎつぎと関係資料が提示されていった。一九九七年には熊本県の下横田《しもよこた》遺跡、二〇〇〇年には長崎県の松尾《まつお》遺跡、大分県の上下田《かみしたダ》遺跡、福井洞穴、熊本県の大野《おおの》遺跡群といった具合である。

そんな矢先の二〇〇〇年一一月五日。第1章で述べたように、衝撃的なスクープ、上高森スキャンダルが日本列島を席巻した。かくして、九州で始まってまもないナイフ形石器文化以前の資料の再評価や再検討は中断を余儀なくされてしまったのである。

第５章　列島始原の人類を求めて

１　九州のナイフ形石器文化の変遷

わたしは以前、九州ナイフ形石器文化の技術的な変遷を跡づけたことがあった。それはつぎのようなものである。

九州ナイフ形石器文化は、特徴的な石器やそのあらわれ方で、大きく四つの時期に画される。最初にあらわれるのは、台形ナイフ・切出形ナイフである（第Ⅰ期）。その後、刃器技法と柳葉形ナイフがあらわれ（第Ⅱ期）、さらには剝片尖頭器や三稜尖頭器などの大型の狩猟具があらわれて「九州石槍文化」ともよべる地域文化を形成し（第Ⅲ期）、そして小型のナイフ形石器となる第Ⅳ期で終末を向かえる。

その変遷をさらにつぶさにみると（図42）、

〔第Ⅰ期前半〕→〔第Ⅰ期後半〕→〔第Ⅱ期前半〕→〔第Ⅱ期後半〕→

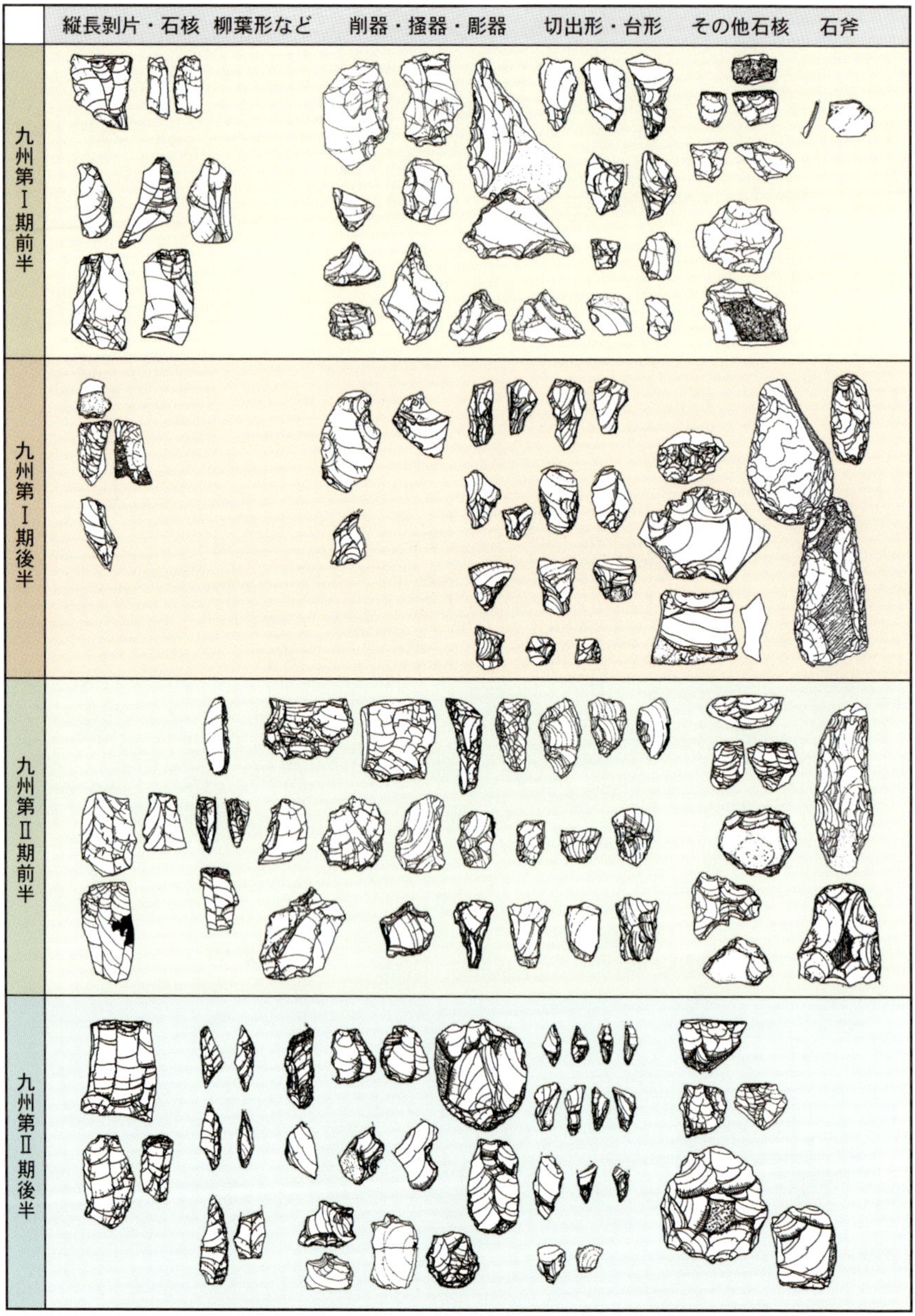
縦長剥片・石核
柳葉形など
削器・掻器・彫器
切出形・台形
その他石核
石斧
九州第Ⅰ期前半
九州第Ⅰ期後半
九州第Ⅱ期前半
九州第Ⅱ期後半

図 42 ● 九州での AT 下位の石器文化編年

特徴的な石器からみると、まず台形ナイフ・切出形ナイフがあらわれ（第Ⅰ期）、その後、刃器技法と柳葉形ナイフがあらわれる（第Ⅱ期）という変遷をする。

〔第Ⅲ期初頭〕→〔第Ⅲ期前半〕→〔第Ⅲ期後半〕→〔第Ⅳ期〕と、大きく四つの時期、八つの段階で説明できる。このなかで最古の石器文化に関係するATより下位の編年は、第Ⅰ期前半から第Ⅱ期にかけてが対象になる。

第Ⅰ期前半

九州ナイフ形石器文化の成立期である。沈目遺跡もこの時期に該当する。鋸歯状削器や尖頭状削器が特徴的である。このほかに素材の打面にわずかな加工を施したり、平坦剝離加工（ウロコのような浅く平らな剝離加工）を表面の一部に加えたりした石器（類ナイフ状石器）やピックがつくられた。

図42の左端にみられるような刃器状剝片に似た形の縦長の剝片をともなっているが、それを素材にしたナイフ形石器は製作されていなかった。また、刃器技法の存在を示す石核もない。剝片をはぎとる技術の主流は縦長から幅広、横広、横長までを剝離するもので、そこに刃器技法のような新来的な技術はみいだせない。

第Ⅰ期後半

刃潰し加工（ナイフの背のような鈍角な面をつくりだすための急角度の加工）や平坦剝離加工によって製作された切出形ナイフや台形ナイフの段階である。刃器状剝片に似た形の剝片をともなっているが、第Ⅰ期前半と同様、新来的な技術である刃器技法はみいだせない。そのなかで新来的な要素は、一部の台形ナイフの製作で使われた刃潰し加工である。

第Ⅱ期前半

平坦剝離加工・微細な刃潰し加工+平坦剝離加工でつくられた切出形ナイフ、平坦剝離加工・刃潰し加工でつくられた台形ナイフがあった。柳葉形ナイフ、部分加工ナイフもあった。削器では、鋸歯状削器や尖頭状削器もわずかにつくられていた。

また、厚手の横長剝片の先端に厚い刃部をつくりだした抉入石器も特徴的である。主流は、第Ⅰ期前半以来の旧来的な要素であったが、一方で刃器技法、刃潰し加工、柳葉形ナイフなど新来的な要素も目立つようになる。

第Ⅱ期後半

刃潰し加工でつくられた柳葉形ナイフと部分加工形ナイフが特徴的で、このほかに切出形ナイフや台形ナイフがある。削器では、鋸歯状削器は狸谷Ⅰが一点とわずかであった。刃器技法のほか、幅広や横広、横長の剝片を剝出する技術があった。柳葉形ナイフと部分加工形ナイフの存在が示すように、新来的な要素が明確になった段階である。

以上、旧来的な技術を背景にしていた第Ⅰ期から、旧来的な技術と新来的な技術が並び立っていた第Ⅱ期へという変遷である。

2　旧来的な技術と新来的な技術

旧来的な技術の変化の仕方

ここでは鋸歯状削器、尖頭状削器、ナイフ形石器をとり上げて、具体的に旧来的な技術と新来的な技術について概括してみよう。図43の上段から下段までの鋸歯状削器と尖頭状削器を時期ごとにみくらべていただきたい。

鋸歯状削器では、大型で厚手の素材剝片が使用されているところは共通しているが、個性的な形をしており、どれといって似通ったものはないことがわかっていただけるだろう。これは大きさや厚さ以外、素材剝片にこだわりがなかったことの裏返しである。

しかし、刃は直線的ではなく、いずれも鋸の歯のようにギザギザしている。短い間隔での連続した加工ではなく、間隔をおいた大振りの加工でつけられているのである。また一部の石器には剝片裏面への調整加工がみられる（図43のオレンジ色に塗ってある部分）。

また、尖頭状削器をみても、どれも個性的な形で、あまり素材剝片の形にはこだわりがなく、しかも仕上がり具合にこだわりがないことがわかる。共通するところは、尖った部分がつくりだされているところだけである。図では、尖った部分を上に向けているのでわかっていただけるだろう。

鋸歯状削器や尖頭状削器には、どれもが個性的な形ではあるが、刃は同じようなつくりをしていた。その傾向は、各時期各段階とも共通するもので、その間には、時期的な異同、形やつくり方の変化は認められなかったのである。

一つ、時期的な異同が認められるとすれば、それは出現率の変化であろう。とくに鋸歯状削器でその傾向が顕著で、第Ⅰ期前半が削器三四点中十数点（石の本八区下層）、削器一一点中五点（沈目遺跡）に対して、第Ⅱ期前半と後半では、後牟田Ⅲ遺跡で五点出土したのを除けば、ほとんどが一～二点にすぎず、出現率も低かった。この出現率の変化こそが旧来的な要素の変容の過程と評価できるだろう。

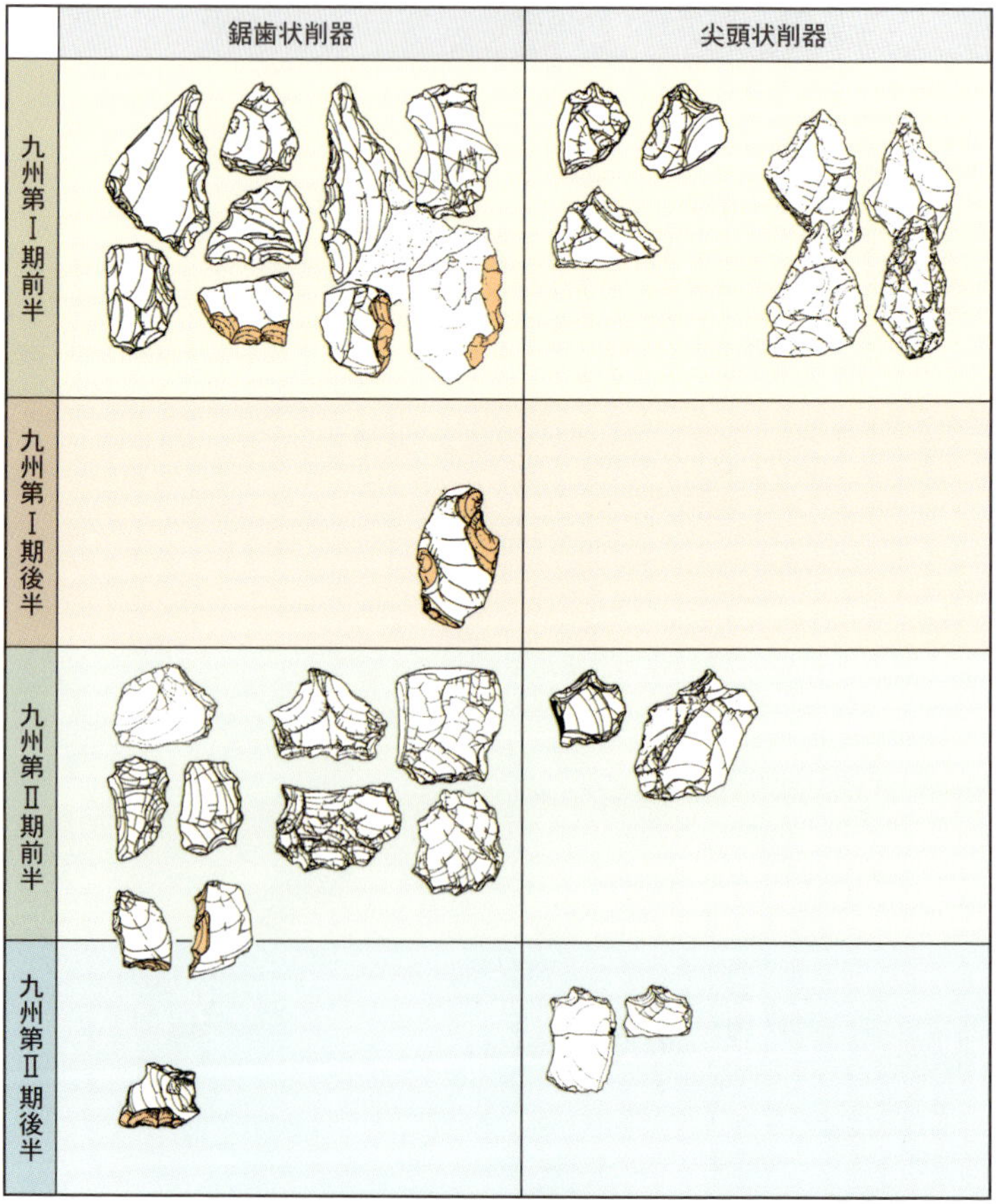
鋸歯状削器
尖頭状削器
九州第Ⅰ期前半
九州第Ⅰ期後半
九州第Ⅱ期前半
九州第Ⅱ期後半

図 43 ● AT 下位の鋸歯状削器と尖頭状削器
石器の形、刃のつくりは各時期・各段階とも共通し時期的な変化は認められない。異同があるとすれば出現率の低下である。オレンジ色に塗ってある部分は剥片裏面への調整加工箇所。

刃潰し加工と定型化＝旧来的な技術の変容

つぎに刃潰し加工をとり上げよう。刃潰し加工は、素材の剥片を断ち割って形を整えるためのもので、ナイフ形石器の製作で駆使される、いわば新来的な技術の象徴ともいえる製作技術である。これが一部の切出形ナイフの製作で使われるようになったのが第Ⅱ期前半であった。

第Ⅰ期前半は切出状ナイフで、切出形ナイフは第Ⅰ期後半にあ

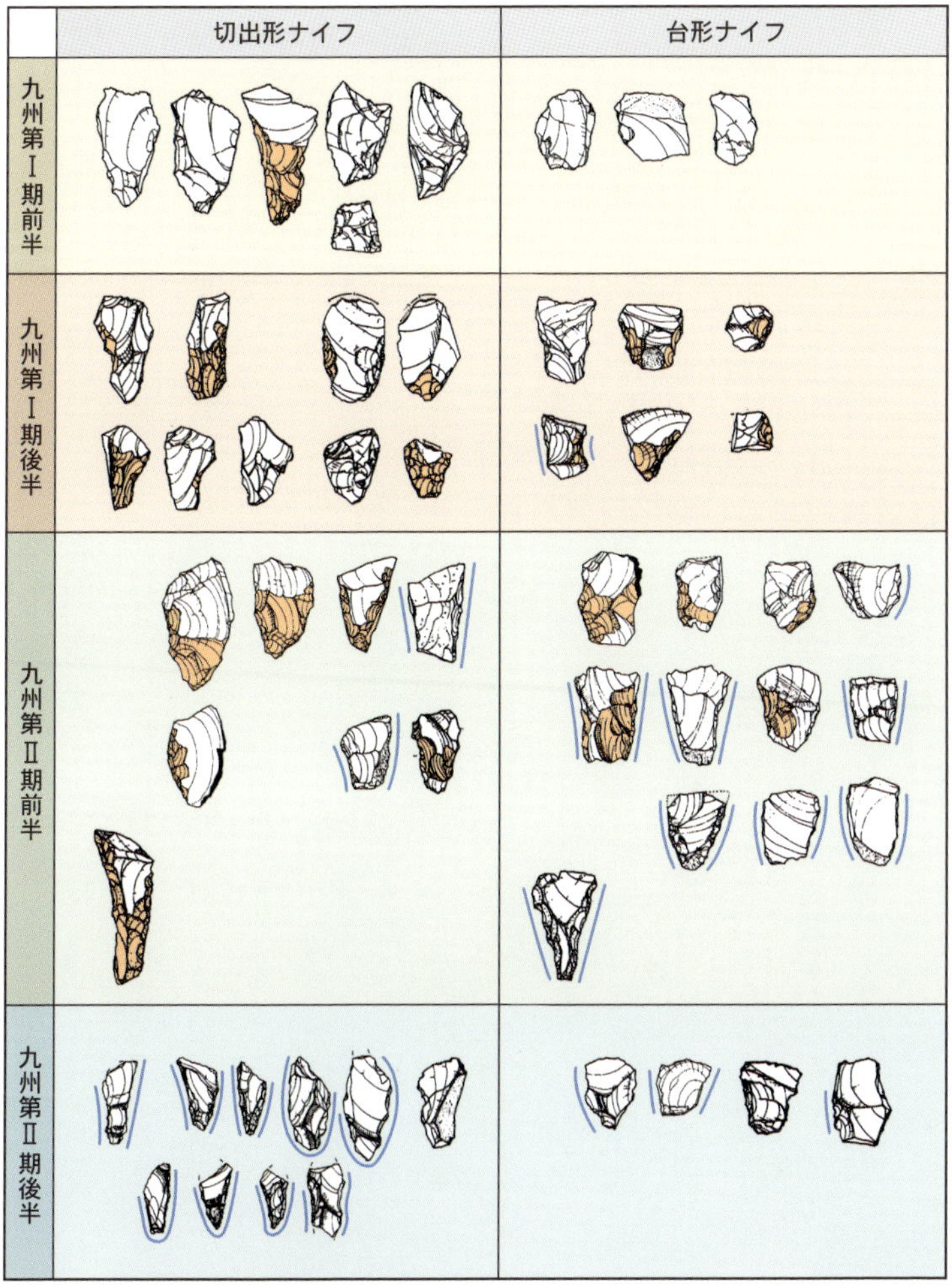
切出形ナイフ
台形ナイフ
九州第Ⅰ期前半
九州第Ⅰ期後半
九州第Ⅱ期前半
九州第Ⅱ期後半

図44 ● AT下位の切出形ナイフと台形ナイフ
ナイフ形石器の製作で駆使された新来的な技術の刃潰し加工が、旧来的な技術の象徴である切出形ナイフや台形ナイフで応用されるようになっていく（青線を引いてある部分）。オレンジ色に塗ってある部分は平坦剥離加工箇所。

らわれる。そして第Ⅱ期前半・後半をへて、ＡＴ上位の九州ナイフ形石器文化までつくられつづけた、息の長い石器だった。そんな切出形ナイフだが、製作技術面では時期的な異同がある。第Ⅰ期後半では、表面にウロコのような剝離がみられる（図44のオレンジ色に塗ってある部分）。これは刃潰し加工ではなく、平坦剝離加工が使われている。これに対して、第Ⅱ期前半では一部、刃潰し加工がみられ（図44の青線を引いてある部分）、第Ⅱ期後半ではほとんどで刃潰し加工が使われていた。

この切出形ナイフの製作における刃潰し加工の普及は、強引に加工で形を整えられることから、石器の定型化を促すこととなった。第Ⅰ期後半がそれぞれ個性的であったのに対して、第Ⅱ期前半に定型化のきざしがみえ、第Ⅱ期後半には大きさも形も似通って定型的となっているのである。

切出形ナイフは、当初、刃潰し加工が使われていなかったところから考えて、旧来的な技術を代表する石器の一つとみなされる。こうした石器に刃潰し加工が使われたことは、その製作に新来的な技術が応用されたことになる。これこそが「旧来的な技術の変容」である。旧来的な技術が新来的な技術の影響で型式変化した、旧来的な要素の変容をみいだせるわけだ。それほど顕著な型式変化をみせていないが、台形ナイフでも定型化の傾向が少なからず読みとれる（図44右）。

なお、この伝統はさらに変容の程度を増しながらＡＴ上位の第Ⅲ期（九州石槍文化）の切出形ナイフや台形ナイフ、抉入台形ナイフ、台形様ナイフにつながっていく。これもまた旧来的な要素の変容の過程であったと理解できるだろう。

新来的な技術の変容

つぎに新来的な技術についてみていこう。

第2章でも述べたように、柳葉形ナイフの製作やその石器素材をつくりだした刃器技法は新来的な技術であった。これらは第Ⅱ期前半のある段階に、関東方面から九州に伝わったものである。

しかし、九州では、第Ⅱ期後半の終わりごろには刃器技法がなくなっていくのである。ではナイフ形石器をどのようにつくったのか。多様な剝片を素材に、刃潰し加工を最大限に駆使して製作したので

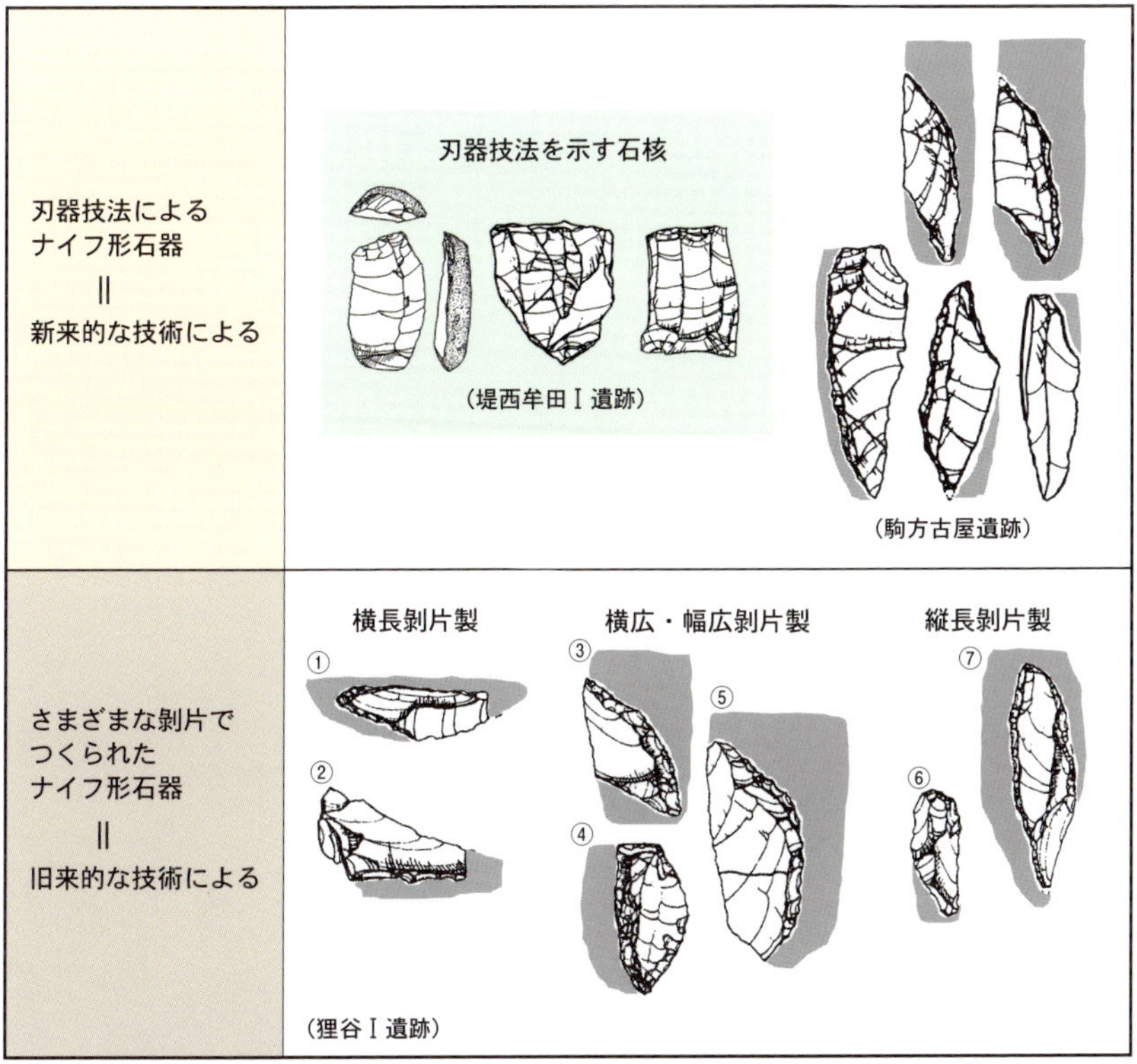
刃器技法による
ナイフ形石器
＝
新来的な技術による
刃器技法を示す石核
（堤西牟田Ⅰ遺跡）
（駒方古屋遺跡）
さまざまな剝片で
つくられた
ナイフ形石器
＝
旧来的な技術による
横長剝片製
横広・幅広剝片製
縦長剝片製
①
②
③
④
⑤
⑥
⑦
（狸谷Ⅰ遺跡）

図45 ● 柳葉形ナイフ・部分加工形ナイフの製作技術の変容
九州第Ⅱ期における柳葉形ナイフ・部分加工形ナイフの技術的変容から、新来的な技術が解体し、旧来的な技術と同化していった過程を読みとることができる。

ある。

図45をみていただきたい。各石器でグレーのアミの部分は石器をつくったときに打ち欠かれ、なくなった部分である。そのグレーの部分と石器そのものを組み合わせたものが、もともとの石器素材の形である。すべて素材の打面を上にしているので、もともとの素材が縦長だったのか、横長だったのかが、わかっていただけるだろう。

上段は、刃器技法を示す石核と、それからはぎとられた刃器状剝片を素材にしてつくられたナイフ形石器の例である。剝片の形が縦に細長い刃器状剝片であったことがわかる。

これに対して下段は、さまざまな形の剝片でつくられたナイフ形石器の例である。柳葉形ナイフ（図45下段の①③⑦）であっても、また、部分加工形ナイフ（図45下段の②④⑤⑥）であっても、横長剝片製、横広・幅広剝片製、縦長剝片と、使われる剝片の形はさまざまであったことがわかる。

少し硬く表現すれば、素材の形を最大限活かした、ナイフ形石器の製作の素材優先の原則や、それを技術的に保障した刃器技法という技術的基盤が、第Ⅱ期後半の時間的な経過のなかで、多様な剝片をはぎとるという旧来的な技術のなかで運用されるようになった、となる。

要は、原理原則に縛られてナイフ形石器がつくられていたものが、時間がたつと臨機応変に、創意工夫してつくられるようになった、ということである。いわば新来的な技術が旧来的な技術に呑み込まれた現象、新来的な技術が解体し、旧来的な技術と同化していった過程と解釈できる。

3　中期旧石器時代の残影

沈目石器文化と曲野石器文化の違い

ＡＴ下位の九州ナイフ形石器文化は、旧来的な技術から新来的な技術への置き換わりの過程として推移していった。沈目石器文化は、そんな推移の過程の起点に位置していた。そこで、さらに沈目の時代的背景をさぐるための比較材料として、曲野石器文化をとり上げたい。

曲野遺跡は沈目遺跡から直線距離で八キロメートルのところにあり、国道三号のバイパス工事にともなって発掘された。そのとき、Ⅴ層（ニガシロ層）の下のⅥ層（黄褐色粘質土）で発掘された石器文化が曲野石器文化であった。層の堆積状況も共通し、また出土層位も同じⅥ層中ということで、その比較にはうってつけの石器文化である。

沈目と同じⅥ層から発掘された曲野であったが、その出土位置をみると微妙に異なっている。Ⅵ層のなかでも中部（Ⅵｂ層）に含まれていた沈目に対して、曲野は、Ⅵ層のなかでも「Ⅴ層からの黒色土の染みがみられる」部分、Ⅵ層の上部（Ⅵａ層）に含まれていたのである（図**46**）。沈目とは明らかにレベル差があった。沈目と曲野とは層位的に区別可能なのである。

石器の内容でも、両者の間には明らかな型式論的違いがあった（図**46**）。たとえば曲野の切出形ナイフと台形ナイフは、個々の石器が形状でも規格的にも個性的であるとはいっても、平坦剝離加工や刃潰し加工など共通した技術で製作されていた。これに対して沈目では、量的にも質的にもその加工頻度が低調な石器ばかりで、この時期に特徴的な切出形ナイフと台形ナイフを欠いていたという評価も下せそうなほどである。沈目のものは曲野のものよりも古拙な特徴をうかがわせ、曲野と沈目とは型式論的にも分別できるのである。

沈目の時代的背景

そこで沈目の年代はいつなのかを考えてみたいが、残念ながら、沈目では遺跡の年代を測定する方法として一般的な放射性炭素年代測定など科学的な年代測定がおこなわれていなかった。そこで放射性炭素年代測定がおこなわれていた、沈目と同じⅥ層の中部（Ⅵb層）で石器文化がみつかった石の本八区下層をみてみよう。

石の本八区下層は、三二七四〇±一〇六〇年前、三三七二〇±四三〇年前、三三一四〇±五六〇年前、三一四六〇±二七〇年前という結果であった。おおむね三三〇〇〇年前〜三二〇〇〇年前という年代である。

石の本八区下層と同じ出土層位の沈目の年代も当然これに近いはずであって、沈目が石の本八区下層と同様に、三・三〜三・二万年前の、現時点では九州最古の石器文化

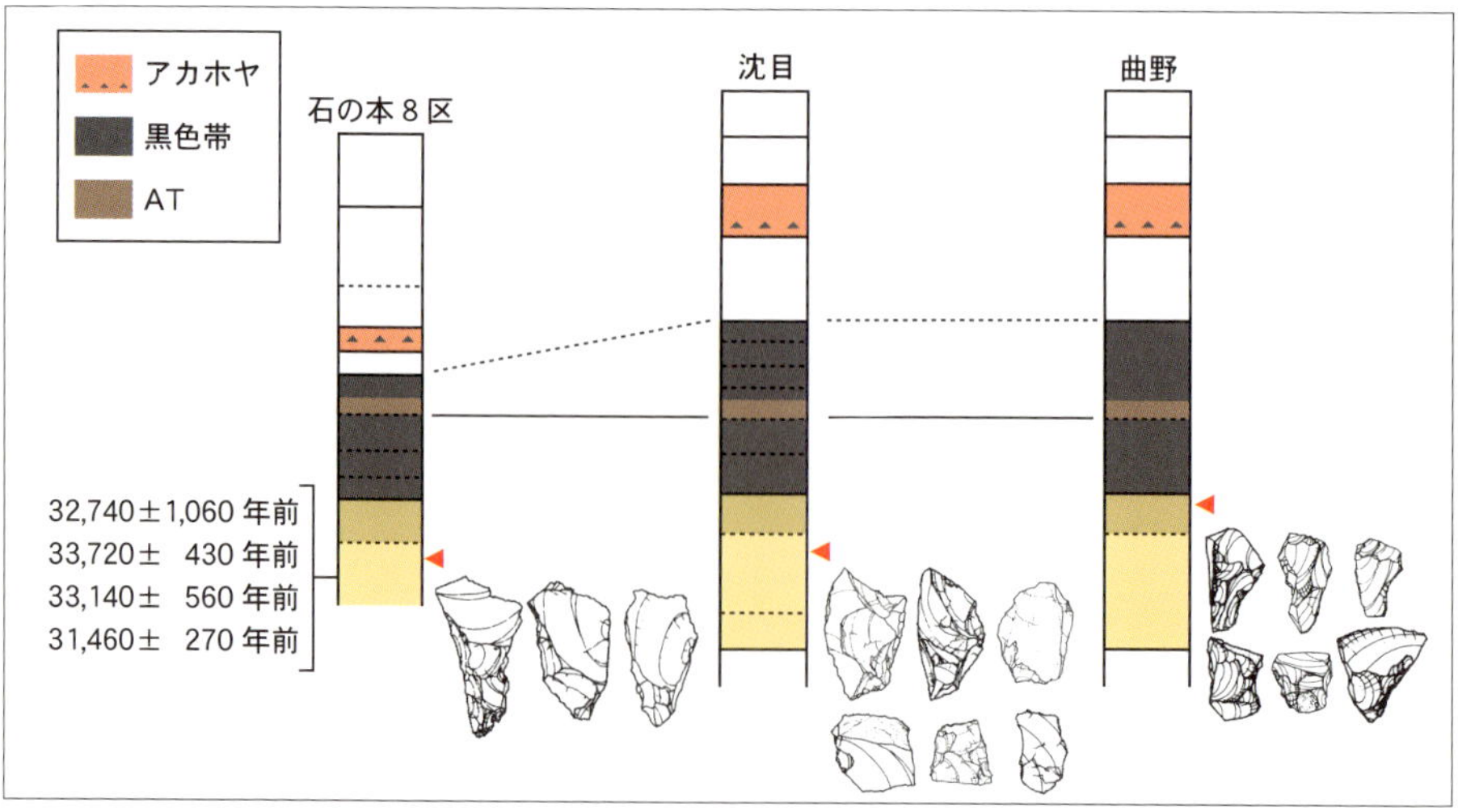

アカホヤ
黒色帯
AT
石の本８区
沈目
曲野
32,740±1,060 年前
33,720± 430 年前
33,140± 560 年前
31,460± 270 年前

図 46 ● 沈目・石の本８区下層と曲野の出土層の比較
石の本８区下層と沈目は、曲野よりも下層から出土した。
その年代は、3.3 〜 3.2 万年前である。

と評価できるのである。年代的にはヨーロッパの後期旧石器時代のはじまりの時期（三・五万年前）に併行するという意味で、今後の先土器時代研究では、無視できない石器文化の一つになったわけだ。

ここから、沈目の古相を帯びた内容とその年代は、新相を帯びる要素が出現する前の時代の内容をとどめているのではないか、という予見的評価を引き出すことができる。わたしがかつて「中期旧石器時代の残影」と評したのは、そんな沈目の背景を要約したもので、沈目遺跡は、さらに古い石器文化の内容を類推し、評価するための資料の一つといいたかったのである。

列島始原の人類を求めて

三万年前を超え、四万年前に近づこうとする石器文化が九州、中部、関東を中心に、広い範囲でみつかっている（図47）。それらの石器文化はどこからやって来たものなのか。さらに古い年代の石器文化が未確認のままどこかの地層に眠っているのか。それとも、そのものこそ大陸からやって来た人びとが遺したものなのか。――答えはいまだみつかっていない。

沈目人は、阿蘇北外輪山から熊本平野、有明低地、島原東側斜面までを含んだ地域で暮らしていた。とはいえ、その中心は熊本平野から有明低地にかけての範囲で、冬場を除いて一年の大半をそこでの暮らしに費やし、夏場にかぎって阿蘇方面に出張っていた。

そこでの暮らしは、離合集散をともなった周回移動をしながらの狩猟採集が中心で、そのところどころで在地の石材を石器づくりに利用していた。こうした暮らしを考えれば、まさにその地域は、沈目人の縄張りとなっていたはずだ。日本列島の広い範囲にこの時期の石器文化が存在していたことを考え合わせれば、おそらく他の地域にもそれぞれの地域に根ざした人びとの暮らしがあったと考えられる。

　沈目をさかのぼる年代の石器文化が九州の地に存在したのは確実だと思うのだ。彼／彼女らの顔つきが旧人だったのか、新人だったのかは定かではないとしても、彼／彼女らの末裔がその後も生き延びていただろうことは、これまでの話のなかで察しがつく。

　列島始原の人類については、竹内里遺跡第一文化層など朝鮮半島との関連なども含めて、今後、活発な議論が求められる。そうした機運をつくりだした遺跡の一つが沈目遺跡なのである。

図 47 ● 3 万年前を超える先土器時代初頭の遺跡と関連遺跡

参考文献

安蒜政雄　一九九〇「先土器時代人の生活空間—先土器時代のムラ—」『日本村落史講座』二、雄山閣

安蒜政雄　一九七七「遺跡の中の遺物」『どるめん』一五、ＪＩＣＣ出版局

安蒜政雄・戸沢充則　一九七五「砂川遺跡」『日本の旧石器文化』二、雄山閣

岡本勇　一九五八「一九四九年九月一一日のこと—岩宿遺跡予備調査の手記—」『考古学手帖』二

小畑弘己　二〇〇七「阿蘇旧石器文化の特質」『阿蘇における旧石器文化の研究』熊本大学考古学研究室

小畑弘己・岡本真也・古森政次・渡辺一徳・田口清行　二〇〇一「いわゆる「阿蘇産黒曜石」の産地発見とその意義—阿蘇象ヶ鼻産ガラス質溶結凝灰岩露頭の発見—」『旧石器考古学』六二、旧石器文化談話会

川道寛　二〇〇〇「長崎県におけるＡＴ下位石器群」『九州における後期旧石器時代文化の成立』九州旧石器文化研究会

川道寛　二〇〇一「福井洞穴第15層石器群の再評価」『九州旧石器』五、九州旧石器文化研究会

川道寛・辻田直人　二〇〇〇「長崎県国見町の中期旧石器時代と後期旧石器時代初頭の石器群」『旧石器考古学』五九、旧石器文化談話会

木﨑康弘　一九八八「九州ナイフ形石器文化の研究」『旧石器考古学』三七、旧石器文化談話会

木﨑康弘　一九八九「姶良Tn火山灰下位の九州ナイフ形石器文化」『九州旧石器』創刊号、九州旧石器文化研究会

木﨑康弘　一九九六「槍の出現と気候寒冷化—地域文化としての九州石槍文化の提唱—」『旧石器考古学』五三、旧石器文化談話会

木﨑康弘　二〇〇二「九州の後期旧石器時代に見る中期旧石器時代文化の残影」『科学』七二—六、岩波書店

木﨑康弘　二〇〇二「ナイフ形石器文化の変遷と中期旧石器的要素の変容」『九州旧石器』六、九州旧石器文化研究会

木﨑康弘　二〇〇二「熊本県沈目石器文化の検出とその意義—城南町沈目遺跡の発掘調査—」『考古学ジャーナル』八月号

木﨑康弘　二〇〇三「ナイフ形石器文化集団研究序論—石器文化の類型とその評価—」『旧石器人たちの活動をさぐる—日本と韓国の旧石器研究から—』大阪市文化財協会

小林久雄　一九三九「九州の縄文土器」『人類学先史学講座』一一、雄山閣

小林久雄　一九五七「沈目式土器について」『城南町公民館報』一三、熊本県城南町

小林久雄　一九六七『九州縄文土器の研究』小林久雄先生遺稿刊行会

近藤義郎　一九七六「先土器時代の集団構成」『考古学研究』二二—四、考古学研究会

坂詰秀一　一九九〇『日本考古学の潮流』学生社

佐藤宏之　一九八八「台形様石器研究序説」『考古学雑誌』七三—三、日本考古学会

佐藤宏之　一九九二『日本旧石器文化の構造と進化』柏書房
城南町教育委員会編　二〇〇三『沈目遺跡』
白石浩之　二〇〇二『旧石器時代の社会と文化』山川出版社
杉原荘介　一九六三「会報」『考古学集刊』二―一、東京考古学会
杉原荘介　一九六五「先土器時代の日本」『日本の考古学Ⅰ　先土器時代』河出書房新社
鈴木忠司　一九六七「"SUGIHARA'S HYPOTHESIS"を破ってほしい」『考古学ジャーナル』七月号　ニューサイエンス社
鈴木忠司　一九九〇「先土器・旧石器そして岩宿時代」『古代学研究所研究紀要』第一輯、古代学研究所
鈴木忠司　一九九五「岩宿時代のイエとムラ―遺跡の構造・居住様式・生活環境の復元―」『岩宿時代を知る―一九九三年度岩宿大学講義録集―』笠懸町教育委員会
鈴木忠司編　一九九二『大分県丹生遺跡群の研究』古代学研究所
須藤隆司　二〇〇六『シリーズ「遺跡を学ぶ」025　石槍革命・八風山遺跡群』新泉社
芹沢長介編　二〇〇三「前期旧石器研究四〇年」『考古学ジャーナル』六月増大号、ニューサイエンス社
竹岡俊樹　二〇〇五『前期旧石器時代の型式学』学生社
橘昌信　二〇〇〇「九州における中期旧石器時代と後期旧石器時代成立期の石器群」『別府大学付属博物館研究報告』二〇、別府大学付属博物館
橘昌信　二〇〇二「後牟田遺跡ＡＴ下位石器群と九州における後期旧石器時代前半期の変遷」『後牟田遺跡』後牟田遺跡調査団・川南町教育委員会
戸沢充則　一九六八「埼玉県砂川遺跡の石器文化」『考古学集刊』四―一、東京考古学会
戸沢充則　一九七七「岩宿へのながい道」『どるめん』一五、ＪＩＣＣ出版局
戸沢充則・安蒜政雄編　一九八三『探訪　先土器の遺跡』有斐閣
福岡県旧石器文化研究会　一九九七・二〇〇〇「九州における中期旧石器から後期旧石器時代初頭の石器群の様相一・二」『旧石器考古学』五五・五九、旧石器文化談話会
藤本強　二〇〇一「旧世界の前期旧石器文化をめぐって」『季刊考古学』七四、雄山閣
藤森栄一　一九六七『かもしかみち』学生社
藤森栄一　一九六五『旧石器の狩人』学生社
藤森栄一　一九六七「オジチャンのめはゾウの目」『九州縄文土器の研究』小林久雄先生遺稿刊行会
町田洋・新井房夫　一九七六「広域に分布する火山灰―姶良Tn火山灰の発見とその意義―」『科学』四六、岩波書店
松藤和人　二〇〇〇「中期旧石器時代」『旧石器考古学辞典』学生社

三島格　一九六五「第一章　原始」『城南町史』熊本県城南町
村崎孝宏　二〇〇二「九州における後期旧石器時代文化成立期に関する編年的研究」『九州旧石器』五、九州旧石器文化研究会
森本一瑞　一七七二『肥後国誌』（一九七一年復刻版、青潮社）
山手誠治　一九九四「辻田遺跡出土の旧石器」『北九州教育文化事業団埋蔵文化財調査室研究紀要』八、北九州教育文化事業団埋蔵文化財調査室
이기길（李起吉）2006『호남　구석기 도감　제1권（湖南旧石器図鑑第1巻）』조선대학교 박물관（朝鮮大学校博物館）
渡辺康幸　二〇〇〇「福岡県におけるAT下位の旧石器文化—中期～後期旧石器時代前半期の石器群—」『九州における後期旧石器時代文化の成立』九州旧石器文化研究会
和田好史　二〇〇一「人吉・球磨地方のAT火山灰下位の石器群について—人吉市鬼木町血気ヶ峯遺跡の石器文化を中心として—」『ひとよし歴史研究』四、人吉市教育委員会
和田好史・志賀智史　二〇〇〇「人吉市血気ヶ峯遺跡出土のAT層下位の石器群」『九州における後期旧石器時代文化の成立』九州旧石器文化研究会

謝　辞

本文執筆、写真提供、写真撮影・掲載承認、図版・写真出典にあたり、お世話になった金田一精・清田純一・村田百合子・村﨑孝宏・本山千絵・熊本県教育委員会・城南町教育委員会には、心より謝意を表する。また、朝鮮大学校の李起吉教授には写真転載を快く承諾いただいた。あわせて謝意を表する。

なお、本年二〇一〇年は、小林久雄先生の五〇回忌の年にあたることを書き添えておきたい。

熊本市塚原歴史民俗資料館

- 熊本県熊本市城南町塚原 1924
- 電話　0964（28）5962
- 開館時間　9：00 ～ 16：30
- 休館日　月曜日（月曜日が休日の場合はもっとも近い平日）、年末年始（12 月 29 日～ 1 月 3 日）
- 入館料　大人・高校生 200 円、中学生以下 100 円
- アクセス　九州縦貫自動車道御船 IC、松橋 IC より車で 20 分。高速バス利用の場合、「城南バス停」下車徒歩 5 分、熊本バス利用の場合、「鰐瀬・上郷線、塚原バス停」下車徒歩 3 分
- 九州縦貫自動車道路建設をきっかけに発掘された塚原古墳群の一角にある。考古・歴史・民俗の展示室があり、考古展示室にて沈目遺跡出土の石器や小林久雄の収集品などを見ることができる。

刊行にあたって

「遺跡には感動がある」。これが本企画のキーワードです。

あらためていうまでもなく、専門の研究者にとっては遺跡の発掘こそ考古学の基礎をなす基本的な手段です。また、はじめて考古学を学ぶ若い学生や一般の人びとにとって「遺跡は教室」です。

日本考古学では、もうかなり長期間にわたって、発掘・発見ブームが続いています。そして、毎年厖大な数の発掘調査報告書が、主として開発のための事前発掘を担当する埋蔵文化財行政機関や地方自治体などによって刊行されています。そこには専門研究者でさえ完全には把握できないほどの情報や記録が満ちあふれています。しかし、その遺跡の発掘によってどんな学問的成果が得られたのか、その遺跡やそこから出た文化財が古い時代の歴史を知るためにいかなる意義をもつのかなどといった点を、莫大な記述・記録の中から読みとることははなはだ困難です。ましてや、考古学に関心をもつ一般の社会人にとっては、刊行部数が少なく、数があっても高価なその報告書を手にすることすら、ほとんど困難といってよい状況です。

いま日本考古学は過多ともいえる資料と情報量の中で、考古学とはどんな学問か、また遺跡の発掘から何を求め、何を明らかにすべきかといった「哲学」と「指針」が必要な時期にいたっていると認識します。

本企画は「遺跡には感動がある」をキーワードとして、発掘の原点から考古学の本質を問い続ける試みとして、日本考古学が存続する限り、永く継続すべき企画と決意しています。いまや、考古学にすべての人びとの感動を引きつけることが、日本考古学の存立基盤を固めるために、欠かせない努力目標の一つです。必ずや研究者のみならず、多くの市民の共感をいただけるものと信じて疑いません。

監　修　戸沢充則

編集委員　勅使河原彰　小野　昭　小野正敏　石川日出志　小澤　毅　佐々木憲一

著者紹介

木﨑康弘（きざき　やすひろ）

1956年、熊本県生まれ
明治大学文学部史学地理学科考古学専攻卒業　博士（史学）
現在、熊本県教育庁文化課課長補佐
2009年10月に第18回岩宿文化賞受賞
主な著作『豊饒の海の縄文文化・曽畑貝塚』新泉社、「九州地方の細石核」『熊本史学』55・56、「九州ナイフ形石器文化の研究―その編年と展開―」『旧石器考古学』37、「槍の出現と気候寒冷化―地域文化としての九州石槍文化の提唱―」『旧石器考古学』53、「九州の後期旧石器時代に見る中期旧石器時代の残影」『科学』72-6、『狸谷遺跡』熊本県教育委員会ほか。

写真所蔵・承認
図2・3・6・7・9・10：城南町教育委員会、図28・41：熊本県教育委員会
写真撮影・掲載承諾
図5：熊本県教育委員会、カバー・図14・17・18・19・20・25・32：城南町教育委員会

図版・写真出典
図4：国土地理院「25000分1宇土・御船」、図11・23・24・25：城南町教育委員会2002『沈目遺跡』、図22・31：須藤隆司2006『石槍革命・八風山遺跡群』（新泉社）、図26：戸沢充則1984「日本の旧石器時代」『講座日本歴史1』、図30：熊本県教育委員会1999『石の本遺跡群Ⅱ』、図39：이기길（李起吉）2006『호남　구석기 도감　제1권（湖南旧石器図鑑　第1巻）』조선대학교 박물관（朝鮮大学校博物館）

上記以外は筆者

シリーズ「遺跡を学ぶ」068
列島始原の人類に迫る熊本の石器・沈目《しずめ》遺跡

2010年4月15日　第1版第1刷発行

著　者＝木﨑康弘

発行者＝株式会社 新 泉 社
東京都文京区本郷2-5-12
振替・00170-4-160936番　TEL03(3815)1662／FAX03(3815)1422
印刷／萩原印刷　製本／榎本製本

ISBN978-4-7877-1038-3　C1021

シリーズ「遺跡を学ぶ」

A5判／96頁／定価各1500円＋税

第Ⅰ期（全31冊完結・セット函入46500円＋税）

01 北辺の海の民・モヨロ貝塚　米村衛
02 天下布武の城・安土城　木戸雅寿
03 古墳時代の地域社会復元・三ツ寺Ⅰ遺跡　若狭徹
04 原始集落を掘る・尖石遺跡　勅使河原彰
05 世界をリードした磁器窯・肥前窯　大橋康二
06 五千年におよぶムラ・平出遺跡　小林康男
07 豊饒の海の縄文文化・曽畑貝塚　木﨑康弘
08 未盗掘石室の発見・雪野山古墳　佐々木憲一
09 氷河期を生き抜いた狩人・矢出川遺跡　堤　隆
10 描かれた黄泉の世界・王塚古墳　柳沢一男
11 江戸のミクロコスモス・加賀藩江戸屋敷　追川吉生
12 北の黒曜石の道・白滝遺跡群　木村英明
13 古代祭祀とシルクロードの終着地・沖ノ島　弓場紀知
14 黒潮を渡った黒曜石・見高段間遺跡　池谷信之
15 縄文のイエとムラの風景・御所野遺跡　高田和徳
16 鉄剣銘一一五文字の謎に迫る・埼玉古墳群　高橋一夫
17 石にこめた縄文人の祈り・大湯環状列石　秋元信夫
18 土器製塩の島・喜兵衛島製塩遺跡と古墳　近藤義郎
19 縄文の社会構造をのぞく・姥山貝塚　堀越正行
20 大仏造立の都・紫香楽宮　小笠原好彦
21 律令国家の対蝦夷政策・相馬の製鉄遺跡群　飯村均
22 筑紫政権からヤマト政権へ・豊前石塚山古墳　長嶺正秀
23 弥生実年代と都市論のゆくえ・池上曽根遺跡　秋山浩三
24 最古の王墓・吉武高木遺跡　常松幹雄
25 石槍革命・八風山遺跡群　須藤隆司
26 大和葛城の大古墳群・馬見古墳群　河上邦彦
27 南九州に栄えた縄文文化・上野原遺跡　新東晃一
28 泉北丘陵に広がる須恵器窯・陶邑遺跡群　中村浩
29 東北古墳研究の原点・会津大塚山古墳　辻秀人
30 赤城山麓の三万年前のムラ・下触牛伏遺跡　小菅将夫
別01 黒耀石の原産地を探る・鷹山遺跡群　黒耀石体験ミュージアム

第Ⅱ期（全20冊完結・セット函入30000円＋税）

31 日本考古学の原点・大森貝塚　加藤緑
32 斑鳩に眠る二人の貴公子・藤ノ木古墳　前園実知雄
33 聖なる水の祀りと古代王権・天白磐座遺跡　辰巳和弘
34 吉備の弥生大首長墓・楯築弥生墳丘墓　福本明
35 最初の巨大古墳・箸墓古墳　清水眞一
36 中国山地の縄文文化・帝釈峡遺跡群　河瀨正利
37 縄文文化の起源をさぐる・小瀬ヶ沢・室谷洞窟　小熊博史
38 世界航路へ誘う港市・長崎・平戸　川口洋平
39 武田軍団を支えた甲州金・湯之奥金山　谷口一夫
40 中世瀬戸内の港町・草戸千軒町遺跡　鈴木康之
41 松島湾の縄文カレンダー・里浜貝塚　会田容弘
42 地域考古学の原点・月の輪古墳　近藤義郎・中村常定
43 天下統一の城・大坂城　中村博司
44 東山道の峠の祭祀・神坂峠遺跡　市澤英利
45 霞ヶ浦の縄文景観・陸平貝塚　中村哲也
46 律令体制を支えた地方官衙・弥勒寺遺跡群　田中弘志
47 戦争遺跡の発掘・陸軍前橋飛行場　菊池実
48 最古の農村・板付遺跡　山崎純男
49 ヤマトの王墓・桜井茶臼山古墳・メスリ山古墳　千賀久
50 「弥生時代」の発見・弥生町遺跡　石川日出志

第Ⅲ期（全25冊　好評刊行中）

51 邪馬台国の候補地・纒向遺跡　石野博信
52 鎮護国家の大伽藍・武蔵国分寺　福田信夫
53 古代出雲の原像をさぐる・加茂岩倉遺跡　田中義昭
54 縄文人を描いた土器・和台遺跡　新井達哉
55 古墳時代のシンボル・仁徳陵古墳　一瀬和夫
56 大友宗麟の戦国都市・豊後府内　玉永光洋・坂本嘉弘
57 東京下町に眠る戦国の城・葛西城　谷口榮
58 伊勢神宮に仕える皇女・斎宮跡　駒田利治
59 武蔵野に残る旧石器人の足跡・砂川遺跡　野口淳
60 南国土佐から問う弥生時代像・田村遺跡　出原恵三
61 中世日本最大の貿易都市・博多遺跡群　大庭康時
62 縄文の漆の里・下宅部遺跡　千葉敏朗
63 東国大豪族の威勢・大室古墳群（群馬）　前原豊
64 新しい旧石器研究の出発点・野川遺跡　小田静夫
65 旧石器人の遊動と植民・恩原遺跡群　稲田孝司
66 古代東北統治の拠点・多賀城　進藤秋輝
67 藤原仲麻呂がつくった壮麗な国庁・近江国府　平井美典
68 列島始原の人類に迫る熊本の石器・沈目遺跡　木﨑康弘
別02 ビジュアル版 旧石器時代ガイドブック　堤　隆